JN324908

いつも二人で楽しいな！

双子ザウルス奮闘記Ⅱ

TWINS-ZAURUS

朝日新聞記者
川村 真貴子
MAKIKO KAWAMURA

風媒社

プロローグ――いつも二人で楽しいな！

『双子ザウルス奮闘記』を出版してから二年余が過ぎた。この間、我がザウルスたちはまさに「赤ちゃんから一人前の子ども」への脱皮を目指し、成長を重ねてきた。保育園生活も五年を過ぎ、園庭をかっぽする姿には風格さえ感じられた。

前の年まではできなかった劇が次の年にはできるようになったり。年上のお姉ちゃんを追いかけていたのが年下の女の子に追いかけられるようになったり。夏祭りや運動会ではメーンイベントを担い、その役割をまっとうするほどに。その鮮やかな変身は、端から見ていても驚くほどだ。

今ではくちごたえは日常茶飯事。「自分でやる」が口癖で、身の回りのことはほとんど自分自身でやっている。最近では「二人でいるから大丈夫」と、短時間ならば留守番もできるようになった。

そしていよいよ小学校を控える時期に。入学を前に、さらにパワーアップするザウルスたちと、学業のスタートに子ども以上に緊張する親が、準備に右往左往しているさまは、はたから見たら滑稽だったろう。

そんなザウルスとの「楽しい」毎日をもう一度、読者の皆さまの前にさらすことにした。親ばかと思われるかもしれない、能天気と思われるかもしれないが、この成長著しい時期の「ザウルスたちの生態」を媒介に、双子のみならず、育児の難しさ、奥深さを一人でも多くの方と共有できればと思った次第である。「いつも二人で楽しい」のは、ザウルスたちだけではなく、親を含めた周囲の人間たちも、と感じたからだ。

この本が、読者の皆様の身近におられる「怪獣との過ごし方」の参考になれば幸甚である。

いつも二人で楽しいな!——双子ザウルス奮闘記II

目次

第3章　目指せ！　ランドセルの一年生　101

第1章

もう、黙ってはいられない！

ザウルスよ、大志を抱け！

すっかりおませになったザウルスたち。五歳にもなると、保育園の大好きな女の子たちと、「大きくなったら結婚する」と言ってはばからなくなってきた。この時期だからこそ、恥ずかしげもなく、そんなことをのたまいているだろうが、もう少し大きくなったら、女の子と遊ぶことさえ、嫌がるような気がする。

マイペースなあにザウルスは、自分のペースを乱されない、相手もマイペースか、おとなしそうな子が好きなようだ。とはいえ、時々、積極的な女子から後ろから抱きつかれても、にやにやしながらあしらって、自分のお気に入りの絵本などに見入っている。

同世代の男の子に比べて、とくにませているちびザウルスは、数多い女の子のお友だちの名前をあれこれ挙げては、顔を赤らめて、悦に入っている。家族旅行をしても「これはももちゃんのお土産にする」などと言って、自分と色違いのキーホルダーなどを買ってくれとせがむから、将来は「みつぐくん」になる可能性もある。

そんな二人に、年中組だったある日、あらためて大きくなったら何になりたいかを聞いてみた。

まずはちびザウルスは、「今のおうちに、ももちゃんと住みたい」と言う。「じゃあ、ママとパパは？」と尋ねると「その時はもう年寄りだから、今のじぃじとばぁばのうち」。つまりはじぃじとばぁばの家は、年寄りが住む家だと思っているようだ。ちびザウルスは我々との同居は考えていないらしい。

一方のあにザウルスにも「大きくなったら何になるの？」と聞いたら、「ばなな組！」と、保育園の年長クラスの名前を挙げた。あまりに身近な答えにこちらも苦笑しながら、「それはもう来年、なれるよ。大人になったら何になるの？」と長期の展望を聞いてみた。少し、考えた結果、あにザウルスが掲げた夢は「うーんと、じゃあ、パパ！」。

この答えを後から伝え聞いた夫は、かなり感激したらしい。しかしながら、もう少し大志を抱いてほしかった母だった。

「ウサギ小屋」にウサギが住む日

一時期、ザウルスたちからの無謀な要求にへきえきしたことがある。私や夫の顔を見ると、「ウサギが飼いたい」と訴えるのだ。テレビか何かでウサギを飼育している家庭の話を見て、一気に盛り上がったらしい。「ウサギなんて、どこにいるの？」と言うと、「ペットショップに行けばいるよ」と答えてくる。最近の子どもは扱いづらい。

しかし、なぜ、いま、ウサギなのか。その動機づけは、今ひとつわからない。以前、お友だちの家に行った時に見つけたハムスターにはあまり興味はないようだったし、近所のお宅で飼っている犬や猫にもそれほど反応しなかった。「どうして、ウサギがいいの？」と聞くと、「だって、かわいいもん」と答えるだけだった。

こちらとしては、仕事とザウルスたちの育児の両立だけで、悲鳴をあげるように毎日、生活しているのに、このうえペットなどを飼う余裕はない。二人にはやんわりと「まだ、あなたたちがママやパパのお世話がいるのに、ウサギのお世話はだれがするの？」と尋ねると、「ぼくたちだよ」と自信満々。じゃあ、「えさとか、お水とかは？」とたたみかけると、「にんじんとか、草とか、あげればいいでしょ？」と知ったようなことを言ってきた。

「今はまだ、保育園だから、小学生になったら、考えるね」と、とりあえず、問題は先送りした。ちょうど、この話題が家族で盛り上がったころ、たまたま、私の母のばぁばが、二人に寝ている犬の置物のようなぬいぐるみを二つ買ってきたので、それにそれぞれ「ブッチ」と「プルート」と名前を付けて、一緒に寝ていた。名前は、大好きなアニメ「トムとジェリー」と「ミッキーマウス」に出てくる犬に由来している。

ウサギ小屋のような我が家で、本当にウサギが住む日はやってくるのか。戦々恐々の思いである。

ひょっとして、二人とも？

花粉症の季節がやってくると、マスク姿の人を見かけるようになる。私も、四十歳間近で発症したが、それほど重症でもないので、毎年、マスクをかけるだけで何とか乗り切っている。

実はちびザウルスも花粉症だ。三歳になる春先に「くしゅん、くしゅん」と目を真っ赤にして、くしゃみを連発しているので、小児科に連れて行ったら、診断が下った。その際は、飲み薬を処方してもらい、花粉症の季節が終わるまで、服用していた。

花粉の飛散が少なかった時は、私も、ちびもそれほど苦しまずにすんだ。ちびについては、小児科にも行かず、元気に屋外で遊び回っていたし、私も風が強い日以外は、マスクなしで外出できたほどだ。

前年の二〇倍以上もの花粉が飛び交うという情報があった年、早めにマスクを買い込んだ。私自身は、すでにのどの奥がいがいがしていたり目がはれぼったくなったりしていたが、何とか、しのいだ。

ちびも症状がそれほどひどくなかったので、この年は小児科に連れて行かなかった。くしゃみも出ていないし、目もはれぼったくなかったからだ。

ところがである。今まで何の症状も出ていなかったあにザウルスが「くしゅん、くしゅん」とやるようになってきた。鼻水も「ずずずっー」と、豪快にすすっている。ひょっとして、ひょっとして、ひょっとして……。

小児科で受診したところ、とりあえずは花粉症ではなかったが、この先、いつ発症するか、戦々恐々である。

×印への淡いあこがれ

私たち家族が住む名古屋は、夏が暑いことで知られている。三十五度以上を記録する猛暑日が連日続くこともある。そんな暑い毎日、保育園に通うザウルスたちの楽しみはなんと言ってもプールだった。ちょっと深いプールでは浮輪で遊ぶこともできるし、お友だちと一緒にもぐりっこもしていたようだ。二人とも水遊びが好きで、水への顔つけなどは、あまり苦労しなかった。

あにザウルスはラッコのようにおなかを上に向けて、耳ぐらいまで水がひたひたするぐらいの浅さのところで寝転がるのが好き。一方のちびザウルスは、とにかくもぐる。水の中でもぷかぷか浮くのが好きだから、あにザウルスよりも、水泳の上達は早かった。

そんな大好きなプール遊びだが、ある日、あにザウルスが軽い夏風邪になったときにちょっとした異変があった。保育園でプールに入るためには毎朝の健康チェックが必要で、その日の欄に、元気でプール遊びができる人は○、登園はしたもののちょっと体調が悪くてプール遊びはやめておく人は×を付けるようになっていた。その、×印に二人ともあこがれているらしく、せきがなかなか止まらないためにこの日のプールを×にしたあにザウルスを横にして、ちびザウルスは「ずるい、ずるい、ぼくも×がいい」と泣き出した。その横には「ぼくは絶対、×だからね」と譲らないあにザウルスがいた。

気持ちはわからなくもない。自分自身も小学生のとき、体育の授業を見学する人にあこがれたことがあった。担任の保育士に聞くと、×印の子は、別のクラスの教室で遊んだりするようだが、普段はなかなか独占できないおもちゃや絵本で遊べるため、なんとなく×印にあこがれる子は多いとのこと。プール遊びは好きだが、×印にあこがれるにも理由があるのだ。

結局は、暑いなかで他のお友だちがプールで遊ぶのを見ていて、やっぱりみんなと水遊びに落ち着いたようだ。登園してくれなければ、なかなか仕事にならない母は、毎日、元気に○印を続けてほしいと願った。

マイクを持った十八番は？

家族でカラオケに行かれる方もいると思う。

我がザウルスたちは三歳の時に、私の両親の古稀のお祝いでホテルに家族一同で泊まりに出かけたときに初めて、カラオケをやった。

小中学生のいとこたちに交じってマイクを片手に歌をうたう姿は、親にとっては感慨深いものだった。うたった曲はアンパンマンのテーマソングを数曲。そのころはまだ、ひらがなもそれほど読めていなかったが、歌詞をそこそこ覚えていたのは、記憶していたのだろう。

その後、なかなかカラオケへ行く機会はなかったものの、家では、アニメのテーマソングや保育園で習った歌を、二人で肩を組みながら大声で張り上げていた。

ちびザウルスは「ちょっと音痴かも」と思うぐらい音がはずれるが、あまりに気持ちよさそうなので、こちらもついつい聴き入ってしまう。

あにザウルスは音程は取れているが、勝手に替え歌にして、適当な内容をうたっている。私も酔っぱらうと替え歌ばかりをうたうので、これは血統の問題だろう。

そんな二人が入れ替わり立ち替わり、大声でうたっているのだから、隣近所から見れば、我が家は相当にぎやかだ。今のところ、苦情を受けたことはないけれど。

そんなある日。マイクのかたちをした容器に入ったラムネ菓子を買ってもらった我がザウルス。そのマイクを片手にちびザウルスがいきなり話し始めた。

「訓練、訓練、地震です……」

すると、それにすぐにあにザウルスが反応して、「訓練、訓練、火事です……」

保育園での避難訓練の時の園長先生のアナウンスをまねているのだ。

大きくなってカラオケボックスに通うようになったとき、十八番が「避難訓練」のアナウンスじゃないように、少し、教育したいと思っている。

蛙の子は蛙　替え歌で痛感

私事で恐縮だが、といっても、この本の内容はすべて私事なのだが、私は酔っぱらうとついつい、替え歌をうたってしまう。こんな習性になったのは大学を卒業して入社直後のころだから、もう二十年以上になるだろうか。

流行歌であろうがなかろうが、ほとんどは即興で、内容はすべて、記者稼業の悲喜こもごもを歌詞にする。少しは原曲の詩を生かしたほうが、宴会では受けがいい。

こんな酔狂なことをなぜ書いているかというと、実はこの習性を、我がザウルスたちが受け継いでいるようなのだ。

ある日の出来事。なかなか朝ごはんを食べずにテレビを見たり絵本を読んだりしているあにザウルスに「いいかげんにしないと、せっかく作った朝ごはん、捨てちゃうよ」と少しきつめに言った。すると、あにザウルスが「♪怒ったママは大嫌いだよ、怒っていないママは好きだけれど～♪」といきなり歌い出した。しばらく

沈黙があった後、ちょっと、べそをかきながら「ママ、ごめんなさい」。

するとに続いてちびザウルスが「♪ごめんなさいと言っているよ〜ママはいいよって言って〜♪」とこちらも歌にして、とりなしてきた。

別の場面では「♪ぼくは棒のついたあめが大好きさ〜だからおなかがすいたら食べたいな〜♪」などと歌ったこともある。

「蛙の子は蛙」と言うが、この現象にはさすがのこちらもびっくりだ。さらに親と違う点は、親は基本的には原曲がある替え歌だが、ザウルスたちは、作詞作曲ともに自分たちのオリジナルである。ちょっと親ばかではあるが、親の上をいっている。

これを機会に、怒ったりしかったりすると、二人ともすぐに歌にして、反論してくるようになった。こちらがつい笑ってしまう内容なのだが、それを勘づかれると、なめられるので、こちらも歌にして対抗することにした。

「♪ママは、もっといい子になってほしいから怒るんだよ〜いい子になったら怒らないよ〜♪」

お互いの実力を試しに、カラオケボックスにでも行ってみようか。

大事な相棒がいなくなった時

暑い日が続く時期、子どもの体調管理が大変だ。ある日、ちびザウルスが突然の高熱を出し、いきなりひきつけるという出来事があった。これまでにも何度か熱性けいれんをしていた。三年半ぶりにひきつけた時は、久しぶりだったこともあり、親の方が面くらってしまった。

朝方、未明の出来事。異変に気づいた夫が目を覚ました時には、ちびは、泡を吹き、白目をむいてふるえていた。たぶん、けいれんをしている時間は四～五分だったとは思う。以前にひきつけたときに医師から「何分ぐらいけいれんが続いたか、手や足のかっこうはどうかをちゃんと見ておいてください」と言われていたが、いざ、その場面になると、親はうろたえてしまう。落ち着いた段階で、救急病院へ連れて行き、しばらく様子を見て、帰宅した。

その日は家族で大型レジャー施設へ遊びに行く予定で、事前の申し込みも済んでいた。そのため、急きょ、ちびと私は留守番。じぃじ、ばぁばとあにザウルスとパパで出かけていった。もともとちびがとても楽しみにしていた行楽だったため、ちびは「ぼくも行きたい～」と、高熱でふらふらしながら泣きじゃくった。

あにザウルスは普段よりもおとなしく、周囲を困らせることなく、帰宅した。留守中、何度か携帯電話で話したが、まず最初に「元気になった？」「もう、治った？」と弟を気遣っていた。

翌日も熱が下がらないちびは保育園もお休み。あにザウルスだけ登園した。熱のためかこの日はほとんど寝ていたちびだったが、目を覚ますとあにザウルスや保育園のお友だちの名前を出して「なんか、心配なんだけど」とか「気になってきた」などと、つぶやいた。

一方のあにザウルスは保育園から帰宅するなり、ちびが寝ていると思われる寝室に駆け込み、「もう大丈夫？」などと声をかけ、いつも一緒に食べているアイスクリームを手渡したりしていた。彼なりに心配だったようだ。生まれた時から一緒にいる二人。「やっぱり大切な相棒なんだ」と、改めて気づかされた出来事だった。

口達者な子どもたちにタジタジ！

子ども五歳にもなると、口が達者になってくる。保育園の送迎時には、同じクラスや年上のクラスのお友だちが近寄ってきては大人のような口ぶりで話しかけてきた。子どもたちとのそんな会話も楽しいものだ。

たとえば、ザウルスたちを予防接種に連れて行くために、いつもよりもちょっと早めにお迎えに行った時。早速、おしゃまで世話好きなあいちゃんが近寄ってきた。

「ねぇ、どうして今日は早いお迎えなの？」

「今日はね、注射をするから、今からお医者さん行くんだよ」

「えー、お熱があるの？」

「いや、お熱はないけれど、病気にならないために予防接種をするの」

「どうして、注射すると、病気にならないの？　お医者さんはお客さんが来なくなるから困るんじゃない？」

「……」

ちなみに、最近の小児科は、一般の診療時間とは違う時間に予防接種の時間を設けてくれている。一般外来と同じ時間だと診察に来ている患者の病気が移る心配があるからだ。いずれにしても早朝の予防接種は、働く母親にはありがたい。

別の機会では、平日に代休を取って、いつもより早いお迎えになった。園庭で戦闘ごっこのようなことをしていたかずはるくんが近寄ってきた。

「どうして、今日は早いお迎えなの？」

「今日はお仕事がないから、早いんだよ」

「じゃあ、ぼくも遊びに行っていい？」

「……」

子どもというのは、その場の疑問や感情だけで話をするから、遠慮や駆け引きがない。だから、楽しい時もあるが、大人の立場では答えに窮するときもある。

子どもたちとの会話には、大人社会では見失いがちな純粋さがあふれている。

人の顔見れば「お腹がすいた」

四人の男の子を育てた今は亡き祖母が「あなたたちのお父さんが食べ盛りのころは、いくらごはんを炊いても足りなかった」と私が幼いころに話してくれたことを最近よく思いだす。我がザウルスたちも、年長組になって「ようやく」食べるようになった。

あえて「ようやく」と強調するのには理由がある。我がザウルスたちは未熟児で生まれたためか、二人とも食が細く、なかなか標準の体重に追いついていないからだ。弟のちびザウルスは、間もなく六歳という時期で体重は一五キロ前後。ほっそりした足を見ていると、気の毒になるほど。がっしりしているあにザウルスはこの時期、ほぼ標準で、一八キロぐらいだった。

成長するに従って食べる量は少しずつ増えてはいるが、運動量も増えているので体重増にはなかなかつながらなかった。それでも「食べないよりはまし」と、こちらもせっせと、支度に精を出した。

しかしである。朝起きると「おはよう」の前に「おなかがすいた」。保育園から帰ってくるやいなや「おなかがすいた」。人の顔を見れば「おなかがすいた」である。ザウルスたちもなかば口癖になっていたようで、ごはんを食べ終わったばかりなのに「おなかがすいた」。「あれっ、今、食べたばかりじゃない」と指摘すると、「ああ、そうだった。でも、なんかちょうだい」という具合で、デザートもしっかり要求した。

男の子二人だけにスポーツのクラブ活動でも始めるころには比べものにもならないぐらい食べるだろう。ボリュームたっぷりの料理をレパートリーに加えておかなければと、今からもくろむ母である。

気の早い七五三にてんてこまい

五歳になった我がザウルスたち。六月が誕生月だったこともあり、その記念も兼ねて、七五三の写真を一緒に撮影することにした。

三歳の時も、家族写真と、たまたま、店の従業員にすすめられて着せてみたタキシード姿の写真を撮った。この時は、男の子の五歳のお祝いだから、着物を着せようと決め、夫婦ともども休みの日に今どきの写真館を予約。二人には、私服での撮影用にと、タンガリーシャツにネクタイ、ちょっとおしゃれな半ズボンを着させ、出かけていった。

大型ショッピングセンターにある写真館内は、お宮参りや一歳の記念写真を撮影している家族でいっぱい。我が家と同様、七五三の早撮りをしている女の子を連れた家族もいた。

着物選びは、母親の仕事。今どきの写真館だけあって、男の子の着物には、坂本龍馬風のものや、人気タレントがデザインしたカラフルなものなどいろいろだ。

「まあ、オーソドックスでいいか」と、おそろいの柄で、ちびザウルスは浅葱色、あにザウルスは黒色の着物を選んだ。

そこからが大変だった。着物など着たことのない、ザウルスたちだ。帯でおなかを締め付けられると「おなかが痛い！」。たびをはかせると「すべる、すべる！」とスケート遊びが始まった。やっと、着付けが終わったと思ったら、二人一緒に「おしっこ！」。パパにトイレに連れていってもらい、何とか事なきをえた。

撮影が始まった後は、お調子者のちびは扇子片手に満面笑顔。ポーズを取って、はい、ぱちり。一方のあにザウルスは「もう、脱ぎたい、帰りたい」を連発し、少々、怒り顔ながらも、ポーズを決めた。

てんてこまいの七五三の写真撮影は何とか終了した。ほんの一瞬だったが、普段は着ることのない着物をまとった二人。親ながら、正直、ちょっと見違えた。

「次、着物を着るのは、結婚式かな？」

そう、思うとこの写真がいとおしく思えてきた。

「赤ちゃん買って！」にどう答える？

ザウルスたちの周辺で出産ラッシュが続いたことがあった。二〇一〇年五月に私の妹が第四子を出産したのに始まり、夏には同じクラスのあいちゃんのところに弟が、十月にはじゅねちゃんのところに妹、そして年末から年始にかけても同じクラスのお友だちのところに次々と赤ちゃんが生まれた。

二〇〇九年春に、クラスでもあにザウルスが大好きで仲良しのひびきちゃんのところに妹のおきなちゃんが誕生した後、生まれたての赤ちゃんに接する機会が増えた。世話好きなちびザウルスも、保育園では乳児クラスの小さいお友だちと遊ぶのが好きとあって、しきりに赤ちゃんの世話を焼いていた。

そんなタイミングでの出産ラッシュ。子どもたちの送迎に赤ちゃんを連れて来られるお母さんも多いため、そのたびに我がザウルスたちは駆け寄っては、ちょっかいを出していた。

そんなある日。「ついに」というべきか、「とうとう」というべきか。ちびザウルスがまじめな顔をして私のところにやってきた。

「あのー、ママにお願いしたいことがあるんだけれど」

「何？」と私。

「買ってほしいものがあるんですけれど」

「だから、何？　おもちゃだったら、サンタクロースに頼んだほうが早いよ」と私。

「赤ちゃん、買って！」

「……」と私。

すると、間髪入れずに、横からあにザウルスが「ぼく、女の子がいい！」

しばらくどのように答えたらいいか考え込んでしまったが、とりあえず「パパに聞いてみたら？」と、難問を夫に振った。

しかし、結局、ザウルスたちは帰宅したパパには頼まず、とりあえず、サンタに手紙を書いた。それは十二月まで保管し、他にほしいものが出てくれば書き直すことになった。最終的にサンタに手紙を渡す役回りは毎年、パパ。その時の反応はどんなものだったか。

手紙を書いている横から「同じ頼むならば、サンタではなく、こうのとりかもね」と口を挟もうとしたが、やぶへびになるのを恐れ、黙っていたママだった。

ふたご座流星群に願いを？

冬らしい、寒さがようやく訪れる時期になると、楽しみにしていることがある。それはふたご座流星群を見ることだ。

ふたご座流星群は毎年、十二月中旬ごろにまとまった流れ星が見られる。条件が良ければ一時間に五〇個近くも観測できるというから、天体に詳しくない私でも、一つや二つは見ることができる。最近では国立天文台などが「ふたご座流星群を眺めよう」というキャンペーンもやっているというから、それだけ初心者にも親しみやすい流れ星なのだろう。

ある年、ピークは深夜から未明と聞いて、早めに床につき、早朝午前五時ごろに起きて、ベランダから探してみようと決めた。

そしてその日の早朝。午前五時すぎにベッドから出ようとしたら、「小」の字で寝ている我が家の双子がちょうどからみついてきた。

私の右側に寝ていたちびザウルスは足を絡めてきて、無理に足を出そうとするとそのたびに頭を左右に振って、起きそうになる。左側で寝ていたあにザウルスは背中を向けていた私を後ろから羽交い締めにするようなかたちで抱きついてきて、こちらもちょっと力を入れなければ動かない状態になってしまった。

なかなかほぐれないでいたが、このままではふたご座流星群を見逃してしまう。「もう、子どもも起きてもいいや」と意を決して起きあがると、二人は再び、ベッドにもぐり込んでくれた。時間は午前六時近くになっていた。

そんな思いまでして出たベランダから見上げた冬の夜空には厚い雲。「今年は無理かな？」とあきらめかけた瞬間、一筋の星が流れた。本当に流れ星だったかは定かではないが、光がすすっと横へ進んだような気がした。でも、あまりに急な出来事だったので、「健康第一、家族円満、一攫千金……」と、事前にいくつも考えていた願いごとは吹っ飛んだ。

とりあえず、ふたご座流星群ではなく、目の前の寝ぼけ顔に寝ぐせ髪の双子に、健やかな成長を祈った冬の朝だった。

二〇一一年に願うこと

二〇一〇年の年の瀬が押し迫ったころ、我がザウルスたちが通うスイミングスクールで進級テストがあった。

このスイミングスクールでは、一番最初は赤い帽子からスタートする。クラスが進むにつれて帽子の色が、黄色、白、橙などに変わっていくシステムだ。

もともと、水中に潜るのが大好きで風呂場でも潜っていたちびザウルスは一番最初のテストでいきなりバッジを五個ゲットしたが、その後はずっともらえず、停滞していた。

最初は三個、三度目のテストで二個もらったあにザウルスが十月の進級テストで追いついた。

親の立場では「できれば一緒に進級してほしいな」と思って、臨んだ十二月だった。

結果、ちびザウルスはようやく最後のバッジを二個もらえ、念願の黄色帽子に進級したが、あにザウルスは進級できず。先生にうかがったところ、水中で目が開けられていなかったのが原因だという。

スイミングスクールの帰り際に黄色帽子を一つだけ購入する私を見て、あにザウルスは「どうして二つ買ってくれないの」と号泣し、ずっと泣き続けた。

本来ならば喜びを爆発させたいちびザウルスも周囲の空気を察したのか、控えめに喜んだ。

やっぱり双子育児は難しいと、痛感した瞬間だった。

いつまでも自分が一番ではいられないということを知ることも成長の一つだ。いつかはこんな日が来ることはわかっていたものの、親としてはちょっぴり切ない。

今回のようなことを経験することは、これから増えていくだろう。母親として、その時に少しでもザウルスたちそれぞれの立場を理解し、優しい言葉をかけてやれたなら。そんなことを二〇一一年に願った。

行列が好きな日本人？

以前に拙著『双子ザウルス奮闘記』でもご紹介しているが、我がザウルスたちはディズニーのキャラクターが大好きである。ミッキーマウスの魔法にかけられたように毎日のようにディズニー関係のＤＶＤを見ている。かなりの知識もあり、その姿はほとんどマニアだ。

そうした二人のご要望もあり、二〇一一年の正月休みに夫の千葉県の実家に帰省した折、ディズニーランドへ足を延ばすことになった。

私もお正月に訪れるのは初めて。華やいだ雰囲気の中でのディズニーランドもとてもすてきだった。

思い起こせば、初めてディズニーランドへ家族で訪れたのは、四歳のお誕生日の直前。入場料などが有料になる前に一度行っておこうと一念発起して行ったのがきっかけだった。

その時は乗ることのできるアトラクションもわずかで、ほのぼのとした乗り物だけに乗っていたのだが、最近では、ゲーム感覚で楽しめる乗り物にも乗りたがるようになった。

しかし、この時は年末年始の混雑時。どの乗り物も長蛇の列ができていた。食事をするのも、トイレに行くのも行列。家族で一番待ったのは、人気アトラクションを乗るための一〇〇分。家族四人で立ち続けて頑張った。夫と二人でザウルスたちに「こんなに待つのならば、もう、やめようよ」と話しかけても「いやだ。頑張れるから乗りたい」と主張した。こんな会話が成立するあたりに成長を感じることすら、できた。

待つことが仕事でもある新聞記者の私。これまでの最長記録は十二時間、人の家の前で待っていたことがある。十数年も前の出来事を思い出しながら、「過去の経験が生かされることもあるのか」と苦笑いした、冬のひとときだった。

保育園児は歯が命？

一昔前に「芸能人は歯が命」というフレーズのコマーシャルが人気を集めた記憶がある。歯磨き粉か何かのＣＭだったと思うが、歯が抜け始めたころの我がザウルスたちは、さながら「保育園児は歯が命」という様相だった。

というのは、下の前歯に、二人とも相次いで永久歯が生えてきたのである。それも、乳歯が抜ける前に永久歯が生え始めてしまっているため、それによって乳歯が押し出されるかたちでぐらぐらになってしまい、気になってしょうがなかったのだ。

最初に永久歯が生えたのは、ちびザウルス。一本目は夕食にきゅうりの漬けものをかじっていたら、いきなり泣き出した。こちらも不安になって、翌朝一番で、近所の歯医者へ。「抜いてもいいけれど、ほっておいても抜けますよ」という診断。ちびは「だったらこのままでいい」と、そのまま帰宅した。

ちなみに、ちびザウルスは、生後六カ月で乳歯が生えていた。あにザウルスより

DENT

も二カ月以上早かった。その数週間後にはそのすぐ右にも永久歯が。結局、三週間後に、保育園で遊んでいる間にぽろっと抜けた。

しばらくたって、ようやくあにザウルスにも永久歯が生えてきた。場所はちびと同じ、下の前歯二本。このときはちびのときの経験があるため、静観した。一カ月もするといよいよぐらぐらしてきたが、やはり、保育園で一本目がぽろっと抜けた。このとき、あにザウルスは多少の出血にうろたえ、そのまま、洗面台へ。うがいとともに、歯は排水口へ流れてしまったようだ。

あにザウルスの口の中で一本だけぐらぐらの歯が残っていた時は、気になってしょうがないあにザウルスはいつも上くちびるで下くちびるをかみしめて、変な話し方をしていた。一方のちびは「抜けるときは全然、痛くないよ」などと、いろいろと世話を焼いた。

「この後、今はえている歯のほとんどが抜けるんだよ」と、口が裂けても言えなかった母だった。

母の涙でふとんはぬれる

早朝や深夜に冷え込む季節。いったん、ふとんにもぐり込むとなかなか出て行きたくなくなる季節でもある。そんな季節の到来とともに、二〇一〇年の冬、我がザウルスたちにはそろって困った「マイブーム」が訪れた。おねしょをするようになったのである。

おむつをしていたころは、大量のおしっこによってふくれあがったおむつからもれだして、ふとんをぬらした。しかし、おむつが取れた後は二人とも夜のお粗相はまったくなかったので、とくに防水シートなどを敷くことなく、過ごしてきた。それだけに、大物の洗濯物が乾きにくくなってきたこの季節での頻発には、正直、頭を抱えた。

拙著『双子ザウルス奮闘記』では何度かご紹介しているが、我が家は私を真ん中に、「川」の字で寝ている。セミダブルのベッドとシングルベッドを二つ並べて三人で寝ているのだが、このダブル用とシングル用のふとんでお粗相されると、結構大変だ。

ちびザウルスは二つのベッドの境目で寝ているのだが、ちょうど両方のベッドにかかるようにおしっこをもらした。さらに、シーツのように大型毛布を下に敷いていたため、二台分のベッドパッドにシーツ、ダブル用の毛布を洗うはめになった。この時はつい、頭に血がのぼり、声を荒げて「だめでしょ！」と強く怒ってしまった。この日だけで洗濯機は三回、回った。

あにザウルスは、ダブルベッドの端の方で寝ていたため、シーツとパッドの被害だけだったが、パジャマは上下ともにずっくずく。二人が交互にお粗相した日が続いたため、我が家の洗い替えのシーツは足りなくなってしまった。

大人でもトイレに起きるのがおっくうな季節。子どもだけでなく、母の「涙」でもふとんがぬれる日々はしばらく、続いた。

恋占いの結果に一喜一憂

ザウルスたちが初めてバレンタインデーでチョコレートをもらったのは二〇一〇年だった。女の子のお友だちからの手作りで、でれでれしていた。テレビCMや、アニメ番組などでバレンタインデーが取り上げられていると、「ぼくたちも、もらったことがあるね」などと会話していたから、関心はあったようだ。そんな会話を耳にしてしまうと、毎年、もらえるのかどうか、親のほうがやきもきしてしまう。

そんな我がザウルスたちだが、一時期、子ども用のパソコンゲームにインストールされている占いゲームに夢中だった。たまたま、夫が子どもたちに購入してきた、テレビに接続して遊ぶタイプのおもちゃなのだが、結構、精密にできている。

自分の名前と、相性を知りたいお友だちの名前、それにそれぞれの誕生日を入力すると、スロットマシンみたいに画面が動き、「相性は六六％」などと画面に大きく写しだされる。その後は「二人はなごみのコンビ」とか「何も言わなくてもわかり合える二人」など、その相性のパーセントに応じたメッセージが出てくる、という具合だ。

最初にこの占いを始めたのはあにザウルス。大好きな、同じクラスのひびきちゃんとの相性を占ったら、なんと「一〇〇％」と出た。それを横目で見ていたちびザウルスは、「じゃあ、僕も」と、こちらも大好きなももちゃんとの相性を診断した。するとこちらは「三三％」と、残念な結果となった。

その後はあにザウルスは毎回、そのひびきちゃんとの「一〇〇％ぴったり」という画面を出しては喜んでいた。一方のちびザウルスは「じゃあ、次はなつきちゃん」「今度はいとちゃん」などと、女の子のお友だちの名前を、とっかえひっかえしながら、入力していた。

私自身、それほど、占いを信じる方ではないが、夫との相性を診断してみたら、四四％という、微妙な数字が出てきた。この占い、あてになるのか、ならないのか。まだ、子どもたちには説明できていない。

目指せ、イケメン！

子どもの髪の毛というのは、どうしてすぐに伸びるのだろう。気づくと前髪が目に入りそうになっていたり、えり足のところがもさもさしていたり。一度、気になり出すと、気になって仕方がない。

我がザウルスたちは、双子だというのに、髪の量がまったく違う。生まれた時から、あにザウルスのほうが髪が濃く、ちびザウルスは二歳になるぐらいまで、産毛みたいなひよこのような毛が薄く生えていただけだった。

これも血統だろうか。私も三歳になるぐらいまで、女の子だというのに、薄毛だったので、ある程度は仕方がないとは思っている。また、あにザウルスの髪の質は確かに夫の毛に似ている。

二歳近くになり、保育園に通うぐらいのころから、ザウルスたちも散髪が必要になってきた。これは、一カ月に一回程度、育児の手伝いに来てくれていた夫の母である、おばあちゃんの役割だった。器用に子どもたちの髪を刈ってくれていたが、そのうち、くすぐったがったり頭を動かしたりするようになり、おばあちゃんの手には負えなくなってきた。

その後、三歳〜四歳ぐらいになると、私の母、ばあばが通っていた美容院に連れて行って髪を切ってもらうようになった。美容院だけあって、おかっぱのような、坊ちゃん刈りのような、髪形になった。この頃は後ろから見ると二人の体格差があまりなくなっていたから、一見するとどちらがどちらかわからなくなった。

二〇一〇年の春ごろからは「小学校に入ったら自分たちだけで通えるように」と家の近所の床屋に切り替えた。最初は「ぶーん」という音とともに上にあがる散髪台に興味津々で、えり足などを刈り上げられると「くすぐったい」と身をよじっていたが、今では、終わった後にもらえるお菓子目当てに喜んでいくようになった。

思春期にもなると、髪形ひとつにもこだわるようになるのだろうか。「どうせなら、おしゃれなイケメンになってほしいな」

親ばかである。

夫をイクメンにする方法

最近「イクメン」という言葉をよく耳にするようになった。育児に積極的に協力してくれる男性（メンズ）。略して、「イクメン」である。

双子育児をやっていると、イクメンの大切さを身にしみて、感じる。生まれた瞬間から、ほぼ同じ大きさの子どもが二人いるのだ。一人を抱っこしていれば、もう一人も片手で抱っこしないと、泣きやまない。まだ幼い時は片手に一人ずつ抱えていたこともあるが、そんな時期は数カ月。五〜六歳にもなると、ひざの上に二人乗っかってくるだけで倒れてしまうほどだ。

となると、どうすればいいのか。子どもの数だけ、大人がいるのだ。とはいえ、身内に助けを借りられない時に、一番、頼りにせざるを得ないのはなんといってもパパだ。

我が家では、出産直後からパパの助けがないと立ちゆかなかった。沐浴、買い物、ミルク飲ませ、寝かしつけ……。私が復職し、保育園に通うようになってからは、送り、お迎え、そして、食事の支度など。ありとあらゆることに夫を頼りにした。というか、頼りにせざるを得なかった。

我が夫は、たまたま同業他社で記者をしているだけあって、仕事への理解はある。後はお互いの仕事との折り合いの付け方が大切だ。

ある日、ご主人はイクメンのＮＰＯの役員をされているワーキングマザーを取材する機会があり、「夫をイクメンにする方法」の極意を聞いた。

①お願いするときの指示は具体的に

②やってもらったら、結果はともかく、とにかく感謝

③評価できることは少し、オーバー気味に褒めちぎる、などなど。

ついつい、自分の大変さばかりに目がいきがちで、一番、身近なパートナーへの配慮が足りない自分を再認識した。

父親と母親がお互い、気持ち良く育児と仕事を両立するには、どうしたらいいのか。子どもの成長とともに、常に、考え直す必要があるのかもしれない。

第2章

赤ちゃんから子どもへ

——新世紀へ突入！

うきうきどきどき、春の一日

春というのは、微妙な季節だとつくづく思う。気候も良いし、草花も花開く、麗しい季節。でも、大人だったら異動や転居。子どもだったら進学、進級、クラス替え、席替え、グループ替えなど、新しい環境での生活を余儀なくされる季節でもあるからだ。

自分の経験からも、何となく落ち着かない毎日を過ごしているうちに桜の満開を見逃していたり、気持ちの良い気候を満喫する間もなく新しい環境に慣れるまでに四苦八苦していたりという記憶がある。

二〇一一年春、我がザウルスたちも、進級に伴って教室が変わり、お友だち同士でつくるグループが変わった。

幸い、担任の保育士は持ち上がりで年中組で一年間、お世話になった先生が再度、担当してくださることになった。卒園、就学を控えていただけに心強い限りだった。

でも、子どもたちにとっては席替え、グループ替えは一大事。自分の隣に座るのは、どのお友だちなのか、「うきうき、どきどき」のようだ。

我がザウルスたちが落ち着いた毎日を過ごせるようになったのは、大型連休明けか、空模様が気になるころか。いずれにしても、しばらくは、浮き足だった日々を過ごしていた。

懐かしき「授乳地獄」の日々

授乳中のお母さん方と話す機会があった。母乳が十分すぎて、胸の張りの痛みをつらがる方がいれば、母乳が足りず人工乳で補充することを不安に感じている方も……。授乳をめぐる悩みはさまざまだ。

我がザウルスたちの授乳時期を思い出した。まさに「地獄絵図」だった。出産時に一七〇〇グラム余だったあにザウルスはなんとか二時間半から三時間ごとに与えればよかったが、一〇〇〇グラム余で生まれ、哺乳力の弱かったちびザウルスは一時間ほどすると、繰り返し求めて泣いた。ちびに二回続けて飲ませているうちに、あにの授乳時間と重なることも。私は眠る時間がほとんどない夜が続いた。二人が一緒に寝ている十〜二十分ほどの間、添い寝しながらうたた寝するぐらい。こうして頑張っても二人分を授乳できるわけではなく、人工乳で補った。

二人とも誕生直後にＮＩＣＵ（新生児集中治療室）にお世話になったから、当初から人工乳と混合だったが「母乳は大切です」という教えにも縛られ、結局、生後三カ月ごろまでは母乳にこだわった。今思えば、母親の自己満足で、眠れない母と満腹になれない子どもがともにいらいらした日々を過ごした気がする。体力の限界が近づいた生後四カ月のころに人工乳だけに切り替え、親子ともども三〜四時間はぐっすり眠れるようになった。本当にうれしかった。そんなザウルスたちだが、今では発熱もほとんどしないぐらい元気いっぱいだ。

あの地獄の日々の記憶をたどるたびに、なぜだかあくびが出てしまう私。いとおしくも、眠い思い出である。

悩み多き、育ち盛りの靴選び

気候が良くなると、屋外で遊ぶのが気持ち良くなる。我がザウルスたちも近くの公園で自転車に乗ったり、タンポポの綿毛を探したりして休日を過ごすこともある。成長に従いザウルスたちも運動量が増えていった。歩く距離や走るスピードは飛躍的に伸びた。年中組の秋からお昼寝が日々の習慣から消えたが、夕刻になってからも疲れた様子がうかがえない。それだけ体力がついてきたということだろう。

運動量が増えてきたことに比例して消耗が激しくなってきたものがあった。靴だ。もともと、つま先をひきずりながら歩く癖のあるあにザウルスは、すぐに穴が開いてしまう。かかとを踏んづけるので靴の形が激しく崩れていることも。最近ではちびザウルスもすぐにつま先部分や横側が破れるようになった。雨の日には水が中までしみてしまうので、予備の靴を二人分、常備するようになった。

靴選びも大変だ。一緒に買いに行けばいいのだろうが、そうなるとやたらキャラクターが付いた高価なものをねだられたり、生返事で「これでいい」と言ってゲームセンターに走って行ったり。子どもの足はすぐに大きくなるためサイズ選びが難しいが、結局は、今まで履いていたものに近いサイズとデザインのものを私一人で購入するのが一番手っ取り早い。

今は玄関にちんまりと置かれている小さな靴だが、いずれ、大きな靴二足が玄関の狭いスペースを占拠するだろう。そのころは「靴、買うからお金ちょうだい」と手を伸ばしてくるだけになるかもしれない。そう思えば、この苦労の日々もいとおしく感じられる。

野良猫も寝てはいられない

ある時、我が家の庭にある物置の屋根に猫が寝そべるようになった。首輪はしていないから野良猫だろうか。ひたすら、屋根で寝ている。早朝や夜、暗くなってからもいる時があるが、別にずっといるわけでもない。時折、のぞくと、こちらを見ている。そんな、野良猫がザウルスたちは気になって仕方がないようだ。

最初に見つけたのは私。早朝、二階の物干しで洗濯物を干していると、目と目があった。ザウルスたちに「猫がいるよ」と声をかけた。その日以来、「猫、いる？」が朝のあいさつ代わりに。「いるよ」と言うと、ちびザウルスは「にゃー、にゃー」と鳴き声をまねた。きょとんとした表情でこちらを見ている猫に、今度はあにザウルスが保育園の年少組の時に劇で使った「食いしんぼネズミ」のお面をかぶって「ちゅー、ちゅー」とやり出した。

猫がネズミを見つけたら追いかけてくるのが普通だろうが、さすがの猫もこのお面にはびびったらしく、隣家の軒下へ駆け下りていった。

あにザウルスはこのことが変な自信につながったらしく「ぼくのネズミ、ばっちりでしょ。そっくりだったから、猫が逃げたよ」と胸を張って言うようになった。

これを黙って見ているようなちびザウルスではない。今度は自分のお気に入りのトラのぬいぐるみを猫に見せては「ほーら、仲間だよ」とやり出した。これにも猫はびっくりし、また、隣家へ逃げていった。

どっちもどっちのようなやりとりに、にやける私。ただ、野良猫にとっては迷惑な双子に違いない。

いつまで行ける？　夏休みの家族旅行

夏の行楽シーズン。家族で旅行される方も多いかと思う。

子ども連れで公共交通機関を使っての移動というのは、案外、骨が折れるもの。それがじっとしているのが好きじゃない、やんちゃ盛りの男の子が二人もいれば、なおさらである。

我がザウルスたちを連れて最初に遠出をしたのは、生後五カ月のころだった。新幹線に乗って東京まで。さらに在来線に乗り換えて、夫の実家まで。事前に夫が時刻表とにらめっこをして乗り継ぎの時間が最短になるようにして、向かった。

とにかく荷物が大変だった。当時はまだ四～五時間の間隔でミルクを飲ませていたから、新幹線の中でも調乳できるようにポットにお湯を入れて持参。哺乳びんも二本。おむつだけで大きめのボストンバッグがいっぱいになった。これでも、事前に着替えや子どものおもちゃなどは宅配便で送っているにもかかわらずである。

「途中で泣いたらどうしよう」「周囲に迷惑かけたら……」などと、周りの目を気にしていろいろ心配したが、幸い、何とかたどりつけた。その後は半年ぐらいごとに夫の実家へは帰省している。

初めての海外旅行は翌年の夏。「子どもが無料のうちにどこかへ行っておこう」という貧乏根性で一念発起して、グアムへ行った。

事前に子連れ旅行の本などを読んで研究し、順調に出発したが、二日目のプールでちょっと目を離したすきに浮輪を付けたちびザウルスがバランスを崩しておぼれた。その夜は、お風呂に入るだけでも泣き出すほどの「水恐怖症」になってしまったが、最終日には笑顔でプールで遊んでくれたのが親としては救いだった。そのちびザウルスは、今では水にもぐるのが大好きになっているのだから、ザウルスたちにかかったら、幼児体験というのもあてにはならない。

この先、どれぐらいザウルスたちと旅行へ行けるだろうか。

「部活が忙しい」「親と旅行は恥ずかしい」と言い出すまでは、家族みんなででかける旅行を大事にしたいと思っている。

三人乗り自転車、いつまで乗れる？

三人乗り自転車を我が家が投入したのは二〇〇九年の秋ごろだった。三人乗りの自転車が開発、解禁されて数カ月が経ったころからだ。

子どもが乗る前の座席は一五キロぐらいまで、後ろの座席は二二キロぐらいまでと決められている。体格の良いあにザウルスは自転車を購入した段階で一五キロを超えていたので、ずっと後部座席が指定席だ。必然とちびザウルスが前に座った。

生まれた時に一〇九八グラムだったちびだが、身長は標準の枠内に入った。二〇一〇年十一月の時点で、一〇五センチぐらい。クラスでも、もっと小柄なお友だちは何人もいる。我がザウルスは六月生まれだから、身長では見劣りはしないが、ちびはとにかく細いのだ。

このころで一四・五キロぐらい。一年で一キロも増えないペースだ。食べないわけではないのだが、一回の量は、あにザウルスに比べるとやはり少ない。その割には運動量が多いらしく、太れないようだ。結局、一五キロを超えたのは、一年以上、先になった。

未熟児を診察していただく発達外来の医師に相談すると「体が細いお子さんは、どうしても内臓も他のお子さんに比べると、小さい。大きくなるうちにそれも解消されるから心配しなくてもいいですよ」とアドバイスされた。

むしろ、最近は幼い時に太り過ぎてしまい、成人病のような症状の出る子どもが増えているという。それに比べれば、細いほうが健康的だというのだ。

「なるほど」と思いながらも、お風呂の時などには、その細い体をついついまじまじと見つめてしまう私。

「保育園に通ううちは、自転車に二人乗せられていいか」と、自分を納得させる母だった。

七夕にこめた願いごと

保育園時代、毎年、七夕の時期になると我が家の玄関先には七夕飾りが飾られた。ザウルスたちが保育園で製作してきたものだ。七夕前の七月の第一金曜にこの月のお誕生会と七夕会が合同で開かれ、その日に自宅へ持ち帰ってくる。せっかくの飾りなので、毎年、七月中旬ごろまでは玄関先をにぎわせた。

保育園では魚などの飾りを作り、自宅では短冊に願いごとを書いて、笹に飾る。まだ、乳児だったころの願いごとは、お友だちとけんかばかりしていたあにザウルスは「みんなと仲良くできますように」。体重がなかなか標準に届かないちびザウルスは「大きくなりますように」。もちろん、このころの願いごとは親が本人たちになりかわって書いたものである。

それが最近では本人たちが自分で自分の願いごとを決めるようになった。

二〇一〇年のあにザウルスの短冊には「スーパーヒーローになりたい」。その直前にテレビで見た、「スーパーヒーロー」という言葉が出てきたテレビアニメの影響をもろに受けたようだ。

ちびザウルスは「うちゅうひこうしになりたい」。これも、たまたまニュースで山崎直子さんが宇宙から帰還されたのと、大好きなディズニーの「トイストーリー」に出てくるキャラクターで、スペースレンジャーのおもちゃ、バズ・ライトイヤーにあやかっている。実際に「スーパーヒーロー」や「うちゅうひこうし」になってくれれば、親としては言うことはない。でも、それ以上に、元気に、心身ともに健やかに育ってくれれば。

これが親の願いごとである。

さらば、いとしき乳歯たち

私にはどうしても我慢できないことがある。歯の痛みだ。子どものころから歯の手入れに無頓着だった私は、幼いころから歯の痛みに悩まされ続けてきた。「ずきん、ずきん」ときたら、頭のてっぺんまで痛みが伝わり、何も手につかなくなる。加えて小学五年の時に、野球場の階段で転倒して上の前歯四本を折って以来、入れ歯や差し歯が欠かせない人生でもある。

そんな私だけにザウルスたちの歯については気を遣ってきた。

最初に歯が生えたのはちび。生後六カ月ごろに下の前歯が生えているのを夫が発見した。その一カ月後、やはり夫があにザウルスにも生えているのを見付けた。それ以来、寝る前の「歯磨き、シュシュ」を習慣づけ、最近では食事の後にも歯磨きを命じていた。

二人に永久歯が生え始めたのは五歳のころだ。この時も最初はちび、約一カ月遅れであににも生えてきた。その後の一年間で、ちびは五本、あには四本の乳歯が抜けて永久歯になった。乳歯は全部で二〇本だから、二〇〜二五％がすでに生え替わったことになる。ザウルスたちに時差がほとんどなかったため、「こんなものか」と思っていたが、保育園で聞くとまだ一本も抜けていないお友だちが多いのに驚いた。かかりつけの歯科医によると、七〜八歳ぐらいで永久歯に生え替わり始め、十二歳ぐらいですべて生え替わるらしいが個人差があり、早い子もいれば遅い子もいるそうだ。

永久歯は上下三二本。歯の抜け替わりだけでなく、虫歯、すきっ歯、歯並びなど、ザウルスの口の中のメンテナンスに悩む日々はまだまだ続いた。

「ミラクルツイン」がもたらした奇跡

ザウルスたちは年中組にもなるころから、ゲームセンターにはまりだした。大型ショッピングセンターに入っているゲームセンターのレーシングカーのゲームと、屋内遊園地のようなところで遊ぶのが、大好きだ。

たまに保育園のお迎えが早めに行けた日には「きょう、このまま帰るのはいや」とかなんとか言い出して、ゲームセンターへ行こうとする。背が低すぎて、アクセルやブレーキにやっと足が届く程度なのだが、やはり、子どもを引きつける魅力にたけているのか、二人とも夢中だ。

とはいえ、このころ実際にお金を入れて遊ぶのはちびザウルスだけ。あにザウルスは「コインを入れちゃだめ」などと言って、ちびがやっているレースを応援しているのが好きだった。将来の縮図を見るようでもある。

そんな二人だが、休みを利用して出かけた一泊の温泉旅行へ行った時のできごと。

夕食も終わり、さて、部屋でゆっくりしようかと思ったら、二人から「ゲームセンターがあったから、行きたい」と強い申し出があった。チェックインした際に、ちゃっかりゲームセンターの場所を確認したようだ。レーシングカーのゲームだけでなく、人気のアニメキャラクターのゲームやクレーンゲームなど、華やかな雰囲気。スロットマシンや競馬のゲームができるコインを五〇〇〇円分買ったので、親子で楽しんだ。

三十分ほどして「そろそろ、帰ろうか」と言うと、「じゃあ、これで最後ね」と競馬ゲームの次のレースに挑んだ。ところがその時に二人がかけた馬の名前がなんと「ミラクルツイン」。まさか、これが一着には来ないだろうと思ったら、なんとぶっちぎりで一着に。二人とも、単勝でかけていた最後のコインが三倍になってかえってきた。

夫婦で「『ミラクルツイン』が一着ならば、しょうがないね」と顔を見合わせ、苦笑い。ザウルスたちはこの後、どんな奇跡をもたらせてくれるのだろうか。「競馬ゲームで運を使い果たしてほしくないな」と、心の中で願った母だった。

初めての「お盆」は大満足

この本を読んでくださっている方々は、お盆休みは毎年どのように過ごされているだろうか。

ザウルスたちが年中組だった二〇一〇年夏。私はお盆前後は普通通りに仕事だった。八月十三日が金曜日で、十四日の土曜日も出勤だった。十四日は、ザウルスたちをいつも通りに保育園に預けたら、普段は一〇〇人以上いる園児がこの日はたった四人。平常でも、土曜日は少ないが、さすがにお盆のさなか。ザウルスたちは保育園に五年通ったが、この日が一番少なかった。

子どもたちに少しはお盆らしいことを体験させてやろうと、十五日の夕方から、私の父、すなわち、ザウルスたちのじぃじの実家に二人を連れて行くことにした。この実家では、昔から十三日にはご先祖様を迎える「迎え火」十五日には「送り火」をする風習がある。五歳になるザウルスたちにとっては、この年が初めての体験だった。

　実家に行く前に「じぃじが昔、住んでいた家に行くよ」と二人に伝えると、ちびザウルスは何を勘違いしたのか「屋根の上にしゃちほこ、ある？」と聞いてきた。以前、家族で行った名古屋城のことを、「昔の人が住んでいた家」と説明したのを覚えていたらしい。横で聞いていたあにザウルスは「じゃあ、はちまるくんもいる？」このはちまるくんというのは、名古屋開府四百年を機に名古屋市がつくったゆるキャラ。こちらも名古屋城に行ったときに会っていた。

　名古屋城は戦災で焼けてしまい戦後に再建された建物だから、古さでは実家のほうが古いが、さすがに屋根にしゃちほこはない。「違う、違う、普通の家だよ。お侍は住んでいないから」と説明したら、何となく、納得したようだ。

　いざ、送り火を始めると、「たき火だ、たき火だ」と二人とも大喜び。その後、ナスやキュウリで作った馬などのお供え物などをまとめて、近くのお寺まで歩いて、持って行った。二人とも初めての体験だったためか、「楽しかった。また、行きたい」と口をそろえた。

お昼寝恋しや秋の夕暮れ

「春眠暁を覚えず」という言葉がある。ご存じの通り、春の夜は寝心地がいいので夜明けになってもなかなか目が覚めない、という意味の故事だ。我がザウルスたちは二〇一〇年の秋ごろは、家にいる間はずっとこの「春眠」の状態が続いていた。というのは、保育園でついにお昼寝がなくなったからだ。夕方になると、うつらうつらしたり、機嫌が悪くなったり。夕食後もぼっとしていることが多くなった。ただ、「眠い」のだろう。こんな日々がしばらく続いた。

年中組になると、体力もついてくる。一年余後に小学校入学を控えて、お昼寝の習慣をなくしていくためには、この時期ごろからお昼寝をやめているのだという。ザウルスたちの通う保育園では十月いっぱいで年中組のお昼寝が終わった。今まで寝ていた昼食後の時間は、年長組さんと一緒に園庭で遊ぶ時間となった。

保育園がお休みの日でも、日頃の習慣からお昼寝を欠かさなかったザウルスたちだが、お友だちにはお休みの日には一切、お昼寝をしない子もいた。体力は個人差があるが、我がザウルスたちには、貴重な休息時間だったのだろう。

一方、親の立場から言うと、こうした出来事には一抹の寂しさがあった。保育園に入園したころは、お昼寝用の布団を持ち帰る週末と、それを洗濯して再び、保育園へ持って行く月曜は、とてもすごい荷物だった。

雨の日や子どもがぐずった時は、一人、二人、荷物という具合に、子どもや荷物を抱えて、車と教室を三回往復することもしょっちゅうだった。子どもが幼かった時の思い出には、お昼寝にまつわるエピソードがたくさんある。

夏場にはタオルケットの二枚組セット、冬場には大きな布団セットを二つも抱え、あっちへ行ったりこっちへ行ったりした双子育児の日々。懐かしく、また、いとおしく思う、秋のひとときだった。

窓をあけて聞こえてくるのは……

電気量を気にしながらもエアコンのお世話になった二〇一一年の夏がようやく過ぎ、快適な季節がやってきた。澄んだ青空はどこまでも高く、朝夕はめっきり冷え込むように。窓を開けると、カーテンをそよがせる秋風が心地よい。

こんな気持ちの良い季節なのだが、気を付けないといけないことがある。窓を開けたまま、子どもたちに大きな声で注意をしたりしかったりしていると、隣近所から「虐待しているのでは？」と思われはしないかということだ。

自分の意思がはっきりしてきて、口も達者になってきたザウルスたち。時には憎まれ口をたたいたり反抗したり。こちらもついつい、言葉が荒くなってしまった。

「ごはん、食べちゃって。片付かないから」「いま、休憩中」「早く食べなさい！」「お着替えしないと保育園に遅れるよ」「まだ、眠いからあとで」「早くしなさい！」

最初に声をかけた時よりも二〜三オクターブ高くなっている自分の声に驚く。

ザウルスたちは時々、「おもちゃ屋さんに行きたい」などと、突拍子もない要求をしてくることがある。「サンタクロースにお願いしたら？」「来年のお誕生日にね」などとあしらっているうちはいいが、そのうち「行きたいっ、行きたいっ、行きたい！」などだだをこねて泣き出すと、こちらのストレスは頂点に。「いい加減にしなさい！」などと怒鳴った後は「近所からは鬼母とでも思われたかな？」と、妙に気になる。

窓からの風が心地よい半面、ご近所への迷惑に気を遣う、秋の一日である。

大逆の僧 高木顕明の真実
◉真宗僧侶と大逆事件　大東 仁

「大逆事件」に連座し、
侶・高木顕明。差別根絶、
が、なぜ〈大逆の僧〉に？

ロマンに生きてもいいじゃないか
◉メキシコ古代文明に魅せられて　杉山三郎

新大陸古代文明に憧れ、ままならぬ
跡発掘現場で働き、三十五歳でアメリカの
て考古学者に。エネルギッシュな半生。

母への礼状　◉人生は生き方次第
神野三枝

東海ラジオの人気パーソナリティが自らの生い立ち
る。老舗の呉服屋生まれ。父の放蕩、祖母の自殺、家業の
倒産…。感動の手記！　好評4刷！　1400円＋税

ギタンジャリ　◉タゴール詩集
ロビンドロナト・タゴール　川名 澄 訳

アジア初のノーベル文学賞を受賞したインドの詩聖タゴー
ルの代表作「ギタンジャリ」全一〇三篇を自然に届く現代
の日本語で翻訳。英文も収録。　1700円＋税

映画《シネマ》じかけの倫理学《エチカ》
内藤理恵子

どうして他人を傷つけてはいけないの？　負け組に希望は
ない？　ヘーゲルからボードリヤール、ドラッガー、サン
デル教授まで。現代を生きるために。　1200円＋税

哲学はランチのあとで
内藤理恵子

身近な娯楽である映画、生命の基本である食べること、著
者の研究テーマであるお墓・葬儀などを通して、「人間とは」
「生きるとは」について考察する。　1400円＋税

遥かな海の小笠原　［写真集］
半泊與則

東京湾から南へ千キロ、南北およそ四百キロにわたる約
三十の亜熱帯の島々からなる世界遺産小笠原諸島。現在で
は撮影できない写真が豊富に。　2000円＋税

美しきパノラマカー　［写真集］　久米宣弘
◉不朽の名車7000系と知多半島の四季の風景

長年、名鉄の看板列車として活躍してきた7000系パノ
ラマカー。半世紀近く活躍してきたこの電車の魅力を、知
多半島における沿線風景とともに収録。　3143円＋税

日本を滅ぼす原発大災害
小出裕章 監修　坂昇二／前田栄作

原発事故が起きたら、あなたの町はどれほどの被害を受けるのか！　放射線から身を守るにはどうすればいいのか！　被害規模を完全シミュレート。　1400円＋税

原発事故…その時、あなたは！
瀬尾　健

日本の原発で重大事故が起きたら？　近隣住民の被爆による死者数、大都市への放射能の影響は…？　原発安全神話を突き崩した衝撃の報告。　2485円＋税

地球を殺すな！
◉環境破壊大国・日本　伊藤孝司

アジア、南米、ロシア、南太平洋を旅し、地球環境の破壊現場を撮影しつづけたジャーナリストが放つ衝撃の報告。地球の未来を奪わんとする日本の大罪。　2400円＋税

宣教師が見た信長の戦国
◉フロイスの二通の手紙を読む　髙木洋

家臣たちは「猛牛を目の前にしたかのように」信長を恐れた…。信長がその人生で初めて会った西洋人ルイス・フロイス。彼の目写った信長とその時代。　1600円＋税

尾張なごや傑物伝
◉宗春がいた、朝日文左衛門がいた　千田龍彦

牛に乗った殿様・徳川宗春や、御畳奉行こと朝日文左衛門など、江戸時代の名古屋には魅力ある人物や出来事がまだまだたくさん！　1500円＋税

書は語る　書と語る
増田　孝

武田信玄・織田信長・伊達政宗などの戦国武将にはじまり、西郷隆盛・岡倉天心まで…歴史上名の知れた人物二十一人の手紙を、日本書跡史の第一人者が読む。　2200円＋

杉浦明平を読む
◉地域から世界へ―行動する作家の全軌跡　別所興一／鳥羽耕史／若杉美智子

ルポルタージュ文学の創始にして、イタリア・
文学研究の第一人者・杉浦明平。地域から
り結んだ、強靭なる文学の全貌。

父・西條八十の横顔
西條八束／西條八峯 編

『青い山脈』『王将』など数々の
れる八十は、詩人、フラン
残した。多才で奔放に

午前中の携帯着信音にドキリ！

新聞記者になって二十年以上になるが、いまだに「心臓がどきっ」とする瞬間というのがある。それは午前中の会社からの電話だ。携帯電話がこれほど普及するまではポケベルの音に敏感だった。

理由はいくつかあるが、まずは事件事故の発生での現場への直行命令は、午前中が多い。夕刊の締め切りまでに人海戦術で一気に取材をしなくてはいけないからだ。

それと、自分の書いた記事に対する訂正の申し入れやクレームなども、午前中が多い。新聞を読んだ読者や当事者が連絡してくる。

「掲載された電話番号が間違っている」「名前の字が違う」などなど……。訂正記事につながるようなこともあるため、きちんと対応しないとかえって問題は大きくなる。

そして、子どもを育てながら仕事をするようになってからは、会社からの電話に加えて、保育園からのお呼び出し電話に、おびえるようになった。

朝方、せき込んでいても元気があるし、なにしろお熱がなければ保育園には出してしまう。そういう日の午前中の、保育園からの電話は「赤い顔をしていたのでお熱を計ったら三七度五分でした。とりあえず、お知らせしておきます」。その数時間後には「三八度三分なので、お迎え、お願いできますか」……。こんなパターンが一番、多い。

乳児や幼児の子どもの場合、三七度五分までは平熱扱いしてくれるが、これ以上になると、やはり発熱。自宅での休養が必要になるため、お迎えに行かなければならない。大事な取材や会議がある日などは、ひやひやだ。

我が家の場合は双子だから、このリスクは二倍だ。一人が風邪気味ながら何とか保育園をお休みせずに乗り切っても、もう一人に時間差でうつって「三七度五分線」を超えると、結局は自宅で看病することになる。

午前中の携帯電話の着信音に、過敏に反応する体質が変わることはないだろう。

ザウルスたちに心配をかけた運動会

十月の体育の日前後に運動会を開催される幼稚園や小学校、町内会なども多いだろう。

我が保育園の運動会のプログラムには、子どもたちがクラスのお友だちらと競争するものや、保護者が一緒に参加するもの、そしてお遊戯などがある。昔ながらのかけっこや玉入れなどの定番から、障害物競走のようなものもあった。

子どもたちの手作りの万国旗でいっぱいの園庭には、多くの保護者がかけつけた。私たちも集合時間に余裕を持って出かけたものだが、敷物や折りたたみイスで場所を取っている方々もいた。

年中組の時、我がザウルスたちの最初の競技はかけっこ。事前の練習では、ゴールではなく自分の座っていた席に走っていったり砂場に直行したりと、場の雰囲気を考えずマイペースを貫いていたあにザウルス。さすがに普段とは違う雰囲気にひるんでいた。担当の保育士にコアラのようにぶら下がったまま、ゴールへ。保育士の先生は腰を痛めなかったか、心配になった。

次いで登場したちびザウルスは「練習ではずっと一等だったから、頑張る」と意気込んでいたが、一緒に走ったお友だちが気になったらしく、横を向きながらの疾走。それだけスピードダウンとなり、四等だった。

その後は、平均台を走り抜けた後、鉄棒をしてゴールまで走るという競技。ちびザウルスは鉄棒で、まだ、クラスでは二人しかできていないという逆上がりを披露し、拍手喝采を受けて、上機嫌だった。一方のあにザウルスも得意の前回りを決めて、笑顔を見せた。親子競技は、親子で大きいパンツ「デカパン」の片足にそれぞれ入って走る「デカパン競争」。私は二人と走ったので、二回登場した。

しかし、最後の最後に、思いがけない出来事が待ち受けていた。

料理などに使うお玉にみかんを載せて走る保護者競技で、トップバッターを務めた私は途中で足がもつれて、まさかの転倒。「ママ、大丈夫だった？」とザウルスたちから心配される結果となったのだ。

出会いの場でもある保育園

保育園に子どもを通わせていると、いろんな出会いがある。まずは保育士の先生方。担任はもちろん、クラスごとにいる補助の先生にも毎日、お世話になる。また、保育園というのは、早朝保育や延長保育があるため、「早番」「遅番」などがあって、早朝や夕刻は、園長先生をはじめ、担任以外の保育士の方々にもお世話になる。また、先生方の年休の時などは、担任を持っていないフリーの先生方も、クラスに入って指導されるから、いろんなかたちでお世話になるのだ。

ママ友だちとの出会いも大きい。普段は送迎の時間もばらばらでなかなか会うことができない方も多いが、そこは現代のママたちだ。携帯メールでの情報交換は活発だ。「久しぶりに我が家へ遊びに来ませんか」とのお誘いメールを発信すると「平日は厳しいけれど、週末ならば……」「今週はひまだから、いつでも大丈夫ですよ」などのレスがある。子ども同士が顔見知りというのは大きくて、食事が済むと、子どもだけで遊んでくれるので、それからはママたちの飲み会になる。

仕事もさまざま。近所に住んでいると言っても、まったく同じ町内という人は少ない（といっても中には同じマンションに住んでいるお友だち同士もいるが……）ため、利害関係がなく、家庭のこと、職場のこと、夫婦のこと、そして何よりも子どものことでは、とても良い相談相手だ。

今では、春には花見、初夏や秋にはバーベキュー、そして年末には忘年会と、季節ごとの行事が開催されるほどの間柄になった。

「もう、他人じゃないからね」と、きちんと子どもを見守ってくれている大人たち。心強いとともに、心から感謝している存在だ。

インフルエンザ狂騒曲

我がザウルスが通う保育園の、我がザウルスが通うクラスでインフルエンザが大流行したことがあった。全員で二八人いるうちの半数以上が発症した。予防接種をしていても、かかってしまうのだ。

とは言っても、学級閉鎖にはならない。なぜかと言うと、出たり入ったりで、同時にお休みしているのは七～八人ほど。一人が回復して登園すると、別のお友だちが休み始めるという具合だ。

母親同士でメールのやりとりをしていると、「今日は○○ちゃんと、△△ちゃんがお熱でお母さんが呼び出されたらしい」などの情報が駆けめぐる。働く母親同士の口癖は「明日は我が身」であった。

そんななか、我がザウルスにもやはり、来てしまった。保育園のお呼び出し電話である。

まずはあにザウルス。「お熱が三八度九分なんですが」。急いで、目の前の仕事を片づけに入ると、約五分後に別の保育士から「実はもう一人も、三九度で」。

急いで小児科を予約しながら、保育園へ駆けつける。見た感じは元気そうだが、確かに高熱だった。小児科へ行ったら「まだ、インフルエンザの反応が出ないかもね。でも、一応、やっておこうか」という医師にうなずき、検査をしていただくと、出た、出た。二人とも陽性反応だった。

それが、私がどうしてもはずせない東京出張の二日前だった。急きょ、夫の実家から義母に来てもらい、何とか日帰りで業務はこなした。

その間、タミフルが効いたのか、二人とも熱はすぐ下がり、それから五日間の自宅での軟禁生活では、暴れまくっていた。不幸中の幸いは、二人が同時発症だったことだ。

予期せぬことが起きるのが、子どもの病気。こればかりはどうしようもないが、病気の時ぐらい、おとなしくしてほしいと思うのは、親のわがままだろうか。

気軽なレジャーはスーパー銭湯

我が家の風呂は寒い場所にあるので、寒い季節には着衣の脱着がおっくうになり、その対策に追われることにもなる。

子どもたちには、タオル地でできたガウンのようなものを着せ、温かい部屋にまで走らせる。親も湯気のたつ浴室で手早く着替えて、すぐに後を追う。

そんな日々の中で、夫婦ともに休みの日になると、よく出かける場所がある。スーパー銭湯だ。

私たちの住む名古屋には、スーパー銭湯が結構、多い。いずれも大きな駐車場があり、館内には食事処やゲームセンター、マッサージコーナーなどがあり、最近では美容室や岩盤浴コーナーがあるところもある。産地直送の野菜や果物を安く売ったり、婦人服や雑貨、アクセサリーなどを販売する売店があるところも。心身ともに温まるし、子どもたちはゲームで遊べることもあり、気軽なレジャーとして、ちょくちょく出かける。

最近のスーパー銭湯のお風呂もいろいろだ。炭酸泉やアロマ風呂、漢方の薬湯もあれば、大きなヒノキ風呂もある。

ザウルスたちのお気に入りは少し深めの歩行浴用の風呂。時間によっては子ども優先で、プール気分で楽しめる趣向になっているため、「深いお風呂に行こう」と親を誘ってくる。

スーパー銭湯によっては、男湯と女湯が週替わりや月替わりで入れ替わるところがある。そのため、いつも子どもたちのお気に入りの風呂が男湯とは限らないため、時には二人ともが私と一緒に女湯に入ることもある。

二人の子どもを一人の親が世話をすると、親の方がゆっくりできないため、これまでは一人ずつ、夫と私につけてお風呂に入っていた。

男の子と一緒に女湯に入れるのは限られている。「もう少し、温まりたいなあ」と思いながらも裸のザウルスたちを追いかけるひとときを、いとおしく思うようにしている。

心配尽きない子どもの病気

急に寒くなってくると、心配なのがインフルエンザだ。高熱が出るし、結構、長引く。一度かかってしまうと一週間は保育園に登園できなくなってしまうから、働く母親としては予防に必死になってしまう。

新型インフルエンザが流行した年は、ワクチン探しに奔走した。十月上旬にかかりつけの小児科に連絡すると、すでに予約でいっぱい。仕方なく、自宅から地下鉄で三駅も先の、古くから繁華街の中にある小児科にワクチンがあることがわかり、季節性と新型を二回ずつの計四回、予防接種に通った。

「ワクチンには余裕がある」との情報を得たその翌年も、結局は心配になり、十月下旬にはかかりつけの小児科で予約をした。前年とは違って新型と季節性が一体となったため、二回の接種で済んだのは助かった。

「これでこの冬は大丈夫だ」と安心していた初冬のある日。今度は保育園で水ぼうそうが流行しているとの情報。我がザウルスたちは一歳九カ月の時に相次いで水ぼうそうになっていたので、あまり心配はしなかったが、ある時、あにザウルスの腹部に湿疹を発見した。高熱ではないものの、発熱もしている。水ぼうそうは一度かかれば、二度なることはないというが、帯状疱疹になることはある。ただ、子どもが帯状疱疹になることはあまりないらしいため、「いったい、何が起きたのだろう？」と、結局、小児科へ駆け込んだ。

診断の結果は「溶連菌感染症」。たぶんちびザウルスも感染している。そして、私も。

熱が下がった後は保育園を休む必要はなかったが、結局は一週間近く、母子ともに抗生剤を服用するはめになった。

「子どもの病気だけは予測がつかないな」と、改めて用心の必要性を感じた冬のひとときだった。

雪を楽しんだ冬の一日

二〇一一年の一月十六日から十七日にかけては名古屋でも雪が降った。市内で一一センチ。二けたの積雪は三年ぶり。一月で一〇センチ以上の積雪を記録するのは九年ぶりとか。あまり雪に慣れていないザウルスたちは大喜びだった。

玄関に出て早速、小さな雪だるまをつくった。以前、テレビで見たアニメで、雪だるまの鼻にニンジンを使っていたのを思い出した二人は早速、私にニンジンを要求した。

普段は三人乗りの自転車で登園する保育園もこの日は徒歩で。滑らないようにおそるおそる歩きながらも、道中では雪を丸めたり、すくってみたり。普段の倍以上の時間をかけて到着した保育園の園庭は真っ白で、思わず二人は「すごいっー」と声をあげた。見慣れた園庭が雪化粧しているのに、驚いたのだ。

いったん、自分の荷物を取りに帰宅し、もう一度、保育園の前を通りかかると、早速、雪合戦が始まっていた。保育士の方々と歓声をあげながら遊ぶ子どもたちの姿は、我が子だけでなく、みんな、なんともいえず、かわいらしい。お友だちがスキーへ出かけるのを聞いて「雪のあるところへ行きたい」と言っていたザウルスたちだが、思いがけず、自宅や保育園で雪遊びを楽しむことができたので、親としても、願いをかなえてあげられて助かった。

夏は暑く、冬は寒い。四季のある日本では当たり前ではあることだが、都会に住んでいると、なかなか体感することが少ないのも現実。豊かな季節の変化を楽しめるような体験の大切さを感じた、雪の日だった。

大地震と子どもの心

二〇一一年三月十一日。東日本大震災が発生した。被災地の方々のこと、とりわけ、幼い子どもを抱えた保護者の方や子どもたちの心を想像すると、胸が張り裂けそうになってしまう。

被災地から遠く離れた地に住んでいる我がザウルスたちでも、テレビで流れる地震や津波の様子から、大きな地震があったこと、そして、その影響で、千葉に住んでいるじいちゃんやばあちゃんの家まで停電していることなどを知った。

震災から数日経ったある日、積み木で遊んでいた二人が、高く積んだ塔のようなものをいきなり崩した。「どうして、壊したの?」と尋ねると、「だって、地震がきたもん」。

遊びの中では、その倒れた積み木の中から、大好きなトラとクマのぬいぐるみがお互いを助けあう「レスキュー隊」が登場していた。

夕食後にテレビを見ていた二人がいきなり電源を消したので、なぜかと聞くと、「もう終わり。停電です」。

この二人のやりとりを見ているだけでも、災害が子どもたちの心に与える影響は大きいのだと、改めて感じた。また、ニュースで流れてくる映像や家族とのやりとりからだけで吸収している。その感受性にも驚かされた。

被災地では、家族や住まい、学校、遊び場を失った子どもたちが大勢いた。

地震による被害は、甚大だった。建物や街路の復興だけでなく、子どもたちの心も、みんなで支えていかなくてはいけないと思う。

春の出会いと別れに思う

春は別れの季節。我がザウルスたちの保育園でも、今まで仲良くしてくれていたお友だちが引っ越しをしたり、卒園したり。そして、お世話になった保育士の方が異動になったりと、身近なところで実感することになった。

乳児のころから三年ほど担任としてお世話になったゆい先生は、あにザウルス、ちびザウルスだけでなく、同じクラスのお友だちみんなが大好きだった。まだ、二十歳代の若い女性だが、とてもしっかりした先生で、子どもたちだけでなく、母親たちからも信頼されていた。二〇一二年春に卒園となる我がザウルスたちのクラスでも「ゆい先生と一緒に卒園したい」というのが親子ともどもの願いでもあった。

保育園というのは小学校や幼稚園と違って春休みがないので、ある日突然、別れが知らされる。市役所の人事発表の翌日に保育室の窓ガラスに張られる一枚のお知らせ。それで、保護者たちが異動を知り、子どもたちに伝えた日の翌日が、最後の

勤務日になる。そこで「さようなら」がきちんと言えればいいのだが、あにザウルスは、二〇一〇年の年度末にプール熱にかかってしまい、最後のごあいさつができないまま、お別れになってしまった。

さすがにこれではかわいそうだと思い、あにザウルスとちびザウルスに、ゆい先生あてに手紙を書かせ、登園したちびザウルスに持たせた。

ある日突然、やってくる別れ。ザウルスたちもこれから幾度なく経験するかもしれないが、幼い時期の別れは、子どもも心なりに悲しいものなのだと思う。

親にとっても、お世話になった方との別れはつらいもの。

ゆい先生、ありがとうございました。そして、さようなら。

その一方で、新年度。きっと新しい出会いがたくさん、待っている。これまでの素晴らしい思い出に感謝しながら、新しい出会いに希望をつなぐ。

第3章

目指せ！　ランドセルの一年生

アカデミー賞ではないけれど……

年中組の二月、保育園で保育参観があった。普段、子どもたちがどのように保育園で過ごしているのかをかいま見る良い機会。この保育参観の時に、学芸会のような、子どもたちによる劇を披露してくれるのが、恒例になっている。

前年は「てぶくろ」という劇だった。あにザウルスは食いしんぼネズミ、ちびザウルスははいいろオオカミの役。

やんちゃなお友だち、たいちくんとまひろくんと一緒にオオカミを演じたちびは、恥ずかしさと楽しさで、やや早口気味ながら、大きな声でせりふを言っていた。

人前で何かをやるのが苦手なあにザウルスは、結局、保育士のひざの上でずっと劇の推移を見ていたが、劇の最終盤にもぞもぞと出てきて、私の向けたカメラにVサインをして、また、自分の席に戻っていった。

そして年中組。出し物は「十二支のおはなし」。十二支に出てくる動物のほかに、神様とネコが登場するお話だ。一つの役に二〜三人が配役される。せりふも、年少さんの時に比べると、格段に増えていた。

あにザウルスはサル役。ちびザウルスはトラ役になった。

「昨年の名誉挽回」とばかり、今回の劇にはなみなみならぬ意欲を見せたのはあにザウルス。自分のせりふだけでなく、他のお友だちのせりふもばっちり頭に入っていて、大きな声で、それもはっきりと演じきることができた。

一方のちびザウルス。恥ずかしさとうれしさで、あごをつきだし、早口でせりふを言い放った。事前の練習で聞いていなければ、何を言っているのかわからないほどだったが、トラらしく見せるために、黄色にしま模様のトレーナーを着込むなど、役への思い入れは十分。確かに熱演ではあった。

自分自身のことを顧みれば、小学六年の時にたった一つしかないせりふを言い間違えた経験がある。「ちゃんとせりふを覚えているだけ、親を超えたかなあ」と、役になりきっていた二人に目を細めた。

困った時の「クッキングパパ」

ある日、ザウルスたちに激しく怒られた。当初、予定していた保育園へのお迎え時間に大幅に遅れてしまったからだ。「ママ、遅かった！」などとべそをかかれると、「申し訳なかった」とこちらの胸も痛む。こんな日は夕食を食べさせてお風呂に入れ、寝かしつけるまで、息をつくひまもない。

こんなことがあるから、育児をしながら働くようになってからは夕方になるとお尻がむずむずするようになった。社内でデスクワークをしていても、窓の外が薄暗くなると、落ち着かない。

なかでも、一番悩ましいのは夕食の支度だ。おなかをすかして帰宅するザウルスたちはこちらの窮状も関係なく「早くごはんちょうだい」などと要求してくる。朝方、余裕がある時は下ごしらえをしていくが、私やザウルスの起床が遅くなった時は慌ただしく、何の準備もできないまま、出勤してしまうこともたびたびある。

こんな時、我が家で頼りになるのが「クッキングパパ」だ。我が夫は夜勤のある仕事。夜勤の日は午後四時ごろに家を出て、翌日の午前三時すぎに帰宅する。その場合、正午前に目を覚ます。その後に夕食の支度をしてくれるのだ。

もともと料理番組が好きなこともあり、「手羽元と大根の煮込み」とか「マグロステーキ」など、私のレパートリーにはない料理にも挑んでいる。私の知らないレシピ本や調味料が台所に置いてあることもある。

その量が母子三人では食べきれなかったり、子どもの口には合わなかったりすることもあるが、「働くママ」には心強い「クッキングパパ」。腕が上達することを期待している。

子どもが描く母の顔

保育園などでお絵かきをした作品がよく、教室に掲示されている。お友だちたちの絵を見比べていると、女の子の方が上手に描いている子が圧倒的に多いことに気づく。少女漫画のように、目の中に星がある子もいれば、ウインクをしている女の子を描く子も。色づかいもカラフルで、かわいらしい。

対して、男の子の絵は、顔に手足が付いた宇宙人のような物体や、胴体と足が分離しているようなもの、にこにこマークみたいな顔やテレビゲームのパックマンのようなものもある。

ザウルスたちの絵を見ていると、以前はアメーバみたいな物体しか書いていなかったのが、いつしか、目鼻だちはわかるし、笑っているような顔がでてきた。ディズニーマニアのちびザウルスが描くディズニーのキャラクターも、一応、特徴はとらえている。

ミッキーマウスの耳は大きいし、ドナルドダックにはくちばしがある。妖精のティンガーベルは、魔法のつえのようなものが、近くにある。

そんな二人に「ママの顔を描いてみて」と頼んでみたことがある。最初はしぶっていたものの、しばらくしたら何となく、人の顔のようなものを描いて私のところに持ってきた。

髪形はちょっと変だが、めがねもちゃんとかけている。何より、二人とも笑顔に描いてくれたのがうれしかった。

子どもの前ではできるだけ、笑顔でいよう。改めて、そう誓った。

六歳の誕生日に思うこと

六月は我がザウルスたちの生まれ月だ。誕生日。それは年に一度、だれにでも訪れる特別な日。一つずつ、年齢を重ねる日。親にとっては、子どもたちの成長を改めて、認識する日でもある。

ザウルスたちの保育園では毎月、お誕生会があり、同じ生まれ月のお友だちと一緒に祝ってもらえる。「大きくなったら何になりたいですか？」など、簡単なインタビューの後、好きなお友だちからプレゼントとカードがもらえる。そのカードには、先生と親からのコメント欄があり、一言ずつ、お祝いの言葉を添える。

子どもたちへのコメント。いつも、何を書いていいのだろうかと悩んでしまう。「お誕生日、おめでとう」以外には「元気に大きくなって」とか「しっかり食べて、強くなって」ぐらいしか、思いつかない自分が情けない。

これまでの育児の日々を思い出すことは簡単だ。でも、将来のザウルスたちの姿となると、なぜかなかなか想像できない。「どんな小学生になるのだろう？」「中学ではどんな部活に入るのかな？」など、漠然とは思うけれど、この先、どんな少年に、そして青年になっていくのか、具体的な姿が出てこないのだ。頭に思い浮かぶのは、今、現在の姿だけだ。

こんなことをもんもんと考えているなかで、ふと、思った。そのうち、家族よりも友だち同士で祝うほうが楽しくなるだろう。家から離れて暮らしているかもしれない。実は一緒にお祝いするのは、残り少ないのかも……。

「今、この時を子どもたちと楽しく過ごそう」

そんな答えを見つけた六歳の誕生日だった。

未来の花嫁に思いをはせて

二〇一一年の六月は、周囲で結婚される方が相次いだ。学生時代の後輩やかつての仕事仲間が入籍したり、挙式したり……。「ジューンブライド」の人気ぶりを目の当たりにした。そして、ザウルスたちがとてもお世話になった保育士のゆい先生も結婚された。

乳児クラスから年少クラスの時に担任だったゆい先生は、その後転勤されて、ザウルスたちの通う保育園を離れられた。たまたま、式の前に「結婚」との情報をゲットし、ご本人には内緒で、かつて世話になった子どもたちから花嫁姿のお絵かきを贈ることにした。

ザウルスたちが描く結婚式の絵は、お絵かきが上手な女の子たちと比べると幼かったが、二人とも新郎新婦が笑顔なのが印象的だった。ちびザウルスの新婦のドレスはピンク。あにザウルスは、新郎新婦の真ん中に電灯みたいなものがあったので「これ、なあに？」と聞くと「パーティーの電気！（シャンデリア）」だった。

このお絵かきが呼び水になったのか、その後、二人は自分たちの結婚について、よく、口にするようになった。

あにザウルスは「ぼくはひびきちゃんと結婚して、ひびきちゃんの家に一緒に住むんだぁ」と、早くも「マスオさん」宣言だ。

一方のちびザウルスは「ぼくはももちゃんと、この家に住むからね」と言い放った。「じゃあ、パパとママはどこに住むの？」と聞き返すと、「じぃじとばぁばのうち。じぃじとばぁばのおうちは年寄りが住むところだから」と、私たち夫婦は車で五分ほどの私の実家に住むように指示してきた。

将来に夢をはせる二人の息子から、早くも別居を言い渡された我が夫婦である。

楽しい夏の日の過ごし方は

ザウルスたちが保育園に通っているころ、保護者の休みにあわせて海や山、プールなど、家族で行楽に出かけられる方々が多かった。

子どもたちは、何日間か続けて休むお友だちが目立つようになると、「きょうは四人、お休みだったよ」と、毎日、その日の欠席者数をお迎えの時に報告するようになった。また、休んでいたお友だちが再び登園すると「しゅんすけくん、おばあちゃんの家に行ってたんだって」とか、「しゅうちゃん、飛行機に乗って旅行したみたい。楽しかったって」など、子どもたち同士の情報交換で、お友だちの近況を知ることになる。

私もそうだが、働きながら子育てしていると、休みの過ごし方に頭を悩ませる。

旅行に行くとなると、まず、夫との休みの調整が必要だ。会社によって休みの決まりが違うため、ここでのすり合わせが一番、重要。海外に行こうとすると、長期になるので、余計に手間がかかる。

行き先も難しい。我が家では、身近なレジャーとして近場のプールへ行ったり、公園に虫取りに出かけたりしているが、公営プールでも、施設が充実しているのに驚いた。スライダーがあったり、波乗りプールがあったり。安くて近くて楽しければ、それにこしたことはないから助かる。

行き先のアイデアに尽きた、ある日。「今日はどこへ行きたい？」と尋ねてみると「ママとパパが一緒ならばどこでもいいよ」。そうか、そんなもんか。一気に気楽になって、近くの小学校の盆踊りに向かった。

心で号泣、最後の夏祭り

　ザウルスたちの通う保育園で夏祭りがあった時のことだ。毎年の恒例で、保育園と父母の会の共催行事。水ヨーヨーや輪投げなど親たちの手作りの出店に、子どもたちが本番に向けて一生懸命、練習してきた盆踊り……。そして、保育園生活が最後の年長組さんは、オープニングで、来場者に太鼓を披露するという、晴れ舞台も用意されている。

　年長組になったザウルスたちは一カ月ほどは「どん、どん、どこどん、どこどこどこどん……」などと、太鼓の調子を口ずさみ、時には私の肩を太鼓に見立て、親孝行と自主トレを兼ねるように、練習にいそしんでいた。人前でやる、ということよりも太鼓をたたくことそのものを楽しんでいるようだった。

　今まで、人前でお遊戯をしたりダンスを踊ったりするのが苦手なあにザウルスがこれを克服できるのか、本番に弱い神経質なちびザウルスは、この大舞台をこなせるのかが、親の最大の懸念だったが、期待を持ちながら、当日を迎えた。

いざ、本番。カメラやビデオを構えた保護者が周囲を囲む、普段と違った雰囲気の中で、二人は太鼓に集中しているようだった。

ファインダー越しに見守る二人が、自分の出番をやりきった瞬間は、こちらが思わず「よしっ!」と大きな声を出してしまった。ビデオを構えていた我が夫も「やった、やった」という声がビデオに残されていた。明らかに親の方がどきどきしていた。

フィナーレの盆踊りも楽しそうにこなした二人。指導していただいた保育士には頭が下がる思いだが、親が思っている以上に、子どもの成長は早いようだ。

保育園での最後の夏祭りをやりきってくれた二人を見ながら、心の中で号泣していた母だった。

はじめの一歩あいうえお

小学校への入学を翌年春に控えて、ようやく始めたことがあった。ひらがなの読み書きだ。先輩ママによると、「自分の名前が読み書きできること」が入学前の最低条件らしい。我がザウルスたちも何とかできるが、親の目から見ても、字というより絵のような文字も多く、このままではちょっと恥ずかしい。少々焦りながら、とりあえず特訓をすることにした。

親が教えていないのに、お気に入りのアニメのキャラクター名鑑で、ひらがなとカタカナが読めるようになったあにザウルス。自己流ながら、ダイナミックな字を書くが、とにかく、書き順がめちゃくちゃだ。字の形や大きさの割に、妙にはねやとめが効いているのも気になる。

左利きのちびザウルスは、自分よりも先に読み書きができるようになったあにを、当初は便利に使っていた。絵本やノートをあにザウルスに持ってきては「これ何て読むの？」「ここに俺の名前、書いて！」などと注文していた。そのうち、あにが素直に言うことを聞いてくれなくなり、仕方なく自分で読み書きするようになった。ちびの字は鏡に映したように逆さまになっていることが多く、読みづらい字が多いのが難点だ。

保育園に飾られているお友だちの絵や字を見ていると、概して男の子よりも女の子の方が上手だ。なかには漢字で「愛」という難しい漢字が書ける子がいることには、驚かされた。

それまで、日常の忙しさにかまけて、じっくりと字を教えることがなかったことを反省するものの、目の前の「象形文字」にため息をつく母だった。

運動会は静止画よりも動画？

運動会の季節がやってくると、我がザウルスたちが通う保育園でも、本番に向けての練習が熱を帯びてくる。

運動会の花形競技は、年長組のリレーだ。毎年、熾烈《しれつ》な争いが繰り広げられる。リハーサルの時の競争でも、勝ったチームの子どもたちはうれし涙を、負けたチームの子どもたちは悔し涙を流すほどだ。

その他の種目では、各クラスごとに、保護者と一緒に踊るお遊戯のようなダンスもある。保護者は子どもたちや保育士の方々の動きをその場で見よう見まねで踊るのだが、一瞬、童心に戻る楽しいひとときでもある。

さて、この運動会だが、最近は保護者の方々もほとんどはビデオカメラを片手に観戦している。しかし、我が家では、ザウルスたちが産まれた時にビデオを買ったが、その後はほとんど使っていないのが実情。仕事柄、ついついデジタルカメラの静止画で撮ってしまうのだ。

ある年の運動会では、同じ保育園に通うテレビ局勤務の方に頼まれて、ビデオ撮影もしてみた。ただ、ビデオの画面をずっと見ていると、全体の様子がまったく目に入らないことに気づき、結局は、あまり上手に撮れなかった。

夫も他社ではあるが、新聞記者。ビデオはあまりなじめないらしく、二人とも静止画派だ。

過去の写真を見直してみると、一瞬のとびきりの笑顔は残っているものの、全体の動きがわからないのが難点。けれども、我が家は双子だから、別々に動く二人の動きをビデオで追い続けると、全体の雰囲気すら、わからなくなるだろう。

「もうしばらくは静止画でいいか」

とびきりの笑顔の瞬間を狙っている。

心でつながる最後の運動会

ザウルスたちにとって保育園で最後の運動会がやってきた。名古屋の祖父母に加え、千葉からも祖母、いとこまでが駆けつけて、親族一同でいそいそと出かけた。園で最年長ともなると、さまざまな場面で出番が用意されている。乳児クラスのお友だちの世話や、他のクラスの競技のお手伝い。年長組だけが出る、よさこいソーランの踊りとリレーは最大の見どころだろう。

プログラムに従って観戦していると、これまでの運動会が走馬灯のように思い出された。最初から最後まで砂をいじっていたお遊戯、ゴールまで走れずに砂場に直行したかけっこ、途中で転んで泣きながら「ママー」と助けを求めて走った競技もあったっけ……。

有終の美は飾ってほしい。一等賞にならなくてもいいから、他のお友だちの迷惑にならないように競技だけはまっとうして。それが親の願いだった。

そして迎えた本番。かけっこ、跳び箱、逆上がり。何とか無難にこなし、ゴールしてくれた。法被姿のよさこいには少し照れがあったものの、最後のポーズも決まった。残すは、年長組全員によるリレーだ。

小学校では足の速い子しか出られないらしいが、保育園ではバトンとともに「クラスみんな」の思いをつなぐことが目標だ。一生懸命に走り抜けていく子どもたちの姿を見て、その成長ぶりに思わず目頭が熱くなった。夫は涙ぐんでいたらしい。

入学まであと半年。保育園での行事一つひとつが完結するたびに、わが子の子育ては第二ステージに突入していく。

「遠い足」になってきた遠足

朝、通勤のために地下鉄に乗っていると、色とりどりのおそろいの帽子をかぶった園児や、画板や水筒を肩からかけて、リュックを背負った小学生の団体に出会うことがある。遠足である。ザウルスたちの保育園でも、毎年、春と秋、そして年長組が卒園する直前のお別れ遠足の三回、予定されていた。

ザウルスたちは、年中組の秋の遠足で、初めて地下鉄に乗って遠出をした。この年は、春の遠足が雨で中止されていただけに、とても楽しみにしていた。

行き先は名古屋城。保育園からは、地下鉄で一〇駅、所用時間は十七分である。普段、地下鉄に乗ると、すぐにつり革にぶら下がりたがる二人だったので少し心配したが、団体行動の上に、一般の乗客もいたこともあり、まずまずはおとなしかったようだ。

駅からお城までは徒歩。天守閣に登り、その後は、人気のゆるキャラで、名古屋開府四百年のイメージキャラクター、はち丸くんとも対面したらしい。

ちなみにこの時の弁当のメニューは、おにぎりに、ウインナー、シューマイ、きんぴらごぼう、彩りにトマトとブロッコリー……。デザートはメロンである。

遠足の終わった後、二人に感想を聞いてみると、あにザウルスは「お城の中にしゃちほこのお人形があった」。ちびザウルスは「はち丸くんが手を振ってくれた」などと大満足だったようだ。こちらが心配していた地下鉄での移動も「知らないおばさんが『どこへ行くの?』と聞いてきたから、名古屋城と言った」などと、まずまずのようだ。

少しずつ、遠くなっていく遠足の目的地。その距離と比例してザウルスたちが成長していく。

どうしてこんなに違うのだろう？

我がザウルスたちは、小学校入学を前に、プリント学習を始めた。読み書きと簡単な算数はできるようにしておいた方がよいかなと思ったからだ。

国語は「あいうえお」をひらがな、カタカナで書く練習から音読、短い文章題を一日に五枚程度、こなした。

算数は足し算を段階を踏んでやっている。プリントは一〇枚あり、「一＋一」ぐらいの時は片手を広げて数えていたが、「一＋五」など片手では足りなくなったら、両手を広げてやった。両手でも足りなくなったら、足の指でも使うのかな、と興味深かった。

そのプリントのこなし方を見ていると、双子といえども、違いがはっきり出た。あにザウルスはまず、算数から。計算は好きなようで、結構、楽しそうに問題を解いている。その後、国語へ。音読は私が時計を見ながら何分で読めるかを計るのだが、いつも内緒のうちに、ごにょごにょと読みながら途中、少々読み飛ばしながらやっていた。

一方のちびザウルス。こちらは国語の方が得意のようだ。あにザウルスとは対照的に、国語から始める。音読は律義にそのたびに私に声をかけて「ちゃんと計ってね」と念を押し、きちょうめんに一語一句、丁寧に読み上げる。ところが算数に入ると急にため息が聞こえてきたり、まったく違う話題を話し始めたりしていた。

こう見ていると、どうやら、あには理系、ちびは文系だ。

同じように育てているのに性格、食べ物の好み、ついには得意教科までが違う二人。だから、双子育児はおもしろいのかもしれない。

わくわくどきどき就学児健診

ザウルスたちが入学予定の小学校で就学児健診があった時のことだ。保育園の隣にあるため、いつも、あこがれのまなざしで見ていたが、校舎の中に入るのはその時が初めて。何日も前から「小学校に行けるね」と二人とも、とても楽しみにしていた。

受付会場の体育館に入ると、すでに待っている親子でいっぱい。働いている父母ばかりだった保育園の保護者会とは、ちょっと違った雰囲気で、子ども以上に親の緊張感も高まった。

この小学校、実は私の母校でもある。ずっと同じ地域に暮らしていると、わが子が後輩になることもあるのだ。私が通ったころは、運動場は木造の古い校舎に囲まれていて狭く、プールはなかった。あのころに比べると、今の学校はとても洗練されていた。

「この教室でママも勉強したの？」「あの鉄棒はママのころからあった？」。学校の中にあるものすべてに好奇心をそそられるザウルスたち。眼科、内科や歯科などの健診は六年生のお兄さん、お姉さんと手をつないで回った。恥ずかしいものの、うれしかったようだ。「また、学校に行きたい」と二人とも口をそろえた。

健診後は、放課後にお世話になるかもしれない学童保育の説明会へ。子どもだけでの登下校、長い夏休み期間の対応、宿題や連絡事項のチェック。ＰＴＡの会合や学校行事は平日が多いのだろうか……。保育園時代にはなかった新しい課題や不安が、次から次へと頭をもたげてきた。

今まで慣れ親しんだ習慣や空間から、新しい学びと生活の場へ。親と子の助走は始まっていた。

間違いだらけのランドセル選び

ザウルスたちの入学を控えて、ランドセルを選びに行った。人気のブランドや工房のものになると前年の十月には販売終了にもなるとか。時折入る百貨店の折り込みちらしにも「先行予約」の文字が躍っていた。子ども以上に親があおられた感じだが、実際に背負うのは私ではない。二人を連れて売り場に行くことにした。

まずは身近なところから、と大型ショッピングセンターへ。最近のランドセルはカラフルだ。私が小学生のころは男の子は黒、女の子は赤しかなかったが、今どきは本当にいろんな色がある。

「サックス」というきれいな水色や渋い「キャメル」「セピア」といった茶色が女の子向けだったのには驚いた。

我がザウルスたちは、あにザウルスは青、ちびザウルスが緑がいいと主張した。しかし、実際はランドセルよりも隣のおもちゃ売り場に心を奪われ「心ここにあらず」と言った様子だった。

次に向かったのは、かばん専門店。店員の方が一生懸命説明してくれたものの、店頭にあったお絵かきセットに気を取られ、ここでも本気にはならず。結局、ママ友だちがカタログをくれた、別の手作り工房の展示会に連れて行き、それぞれの希望の色で注文することにした。

思ったよりも軽く、丈夫なところに親のほうが気に入った。値段も工房直販だったので予算内。こちらの本気が伝わったか、ようやくその気になった二人は、ちびは初志貫徹で緑に、あにには心変わりして、定番の黒に決めた。

六年後、どれぐらい使い込んでいるだろうか。勉学に励んだ跡があることを祈る。

二〇一一年の年の瀬に願うこと

教育関係者の方によると、小学校入学を控えたザウルスたちは「一番学び、一番伸びる」時期がこの一年前後だそうだ。確かに、この年の出来事を振り返っても、保育園の行事や日々の暮らしの中で再三、成長を感じることができた。

いくつかのエピソードは本書でも紹介してきたが、成長の喜びを感じると同時に、親元から少しずつ離れていく寂しさも感じていた。

ちょっと前までは、私が授乳しなければ生きていけなかった二人。今では勝手に冷蔵庫を開けて好きなものを出して食べている。

留守番も、近所への買い物など十五分程度ならば、二人で待っていられるようになった。

年末に入って、もう一つ大きな決断をした。子どもたちだけで寝ることにしたのだ。今までは母子三人が「小」の字になって寝ていたが、二段ベッドを投入することでザウルスたち二人だけで子ども部屋で寝てもらう。今はまだ実験期間で、私の横に潜り込んできているが、いずれは、二段ベッドの方が快適になるだろう。生まれてから別の部屋で寝たことはなかったので、とても寂しい気分。ちなみにザウルスたちの後釜には三年ぶりにパパが戻る予定だ。

世界各地で自然の猛威を思い知らされる災害があり、一番近くにいる大切な人と一緒に過ごせることがいかに幸せなことかと、思い知らされた一年だった。間もなく訪れるクリスマスと正月は、何げない日常に改めて感謝する機会にしたいと思う。そして二〇一二年が、すべての人に平穏が訪れる年になればと願った。

初春の大失敗にも優しい言葉

二〇一二年新春早々、大失敗をやらかしてしまった。陶器でできた辰《たつ》の置物を洗濯物と一緒に洗濯機で洗ってしまい、粉砕してしまったのである。

玄関などに飾ってある、あれである。ちびザウルスが、帰省先で義母にねだって、もらってきた。十二支好きのあにザウルスもすぐに気に入った。

宅配便で荷物を送る際に「割れてはいけない」と、汚れた洗濯物の入った袋に入れて箱詰めにしたのがいけなかった。中を確認しないまま、袋の中の衣類を洗濯機に押し込み、ボール箱でできた置物の箱ごと入れてしまったのだ。途中で気づいたものの、金色と銀色の対の辰のうち、銀色は奇跡的に無事だったが、金色は洗濯機の渦で粉砕された。

洗濯では、ティッシュがポケットに入ったままだったり、紙おむつをズボンごと洗ってしまったり、結構、失敗している。しかし、今回は陶器だ。あまりにあり得ない事態に、私自身うろたえてしまった。

そして、この辰を大切にしていたザウルスたちに、どう伝えたらいいのだろうか。泣かれることを覚悟して「ごめんね、ママが壊しちゃった」と素直にわびた。

すると二人からは「いいよ、ママ。気にしないで」と優しい言葉が返ってきた。ろうばいする母の表情などから、現実を把握し、受け入れたようだ。

「こいつは春から縁起が……」とへこみつつ、少し、前向きになれた母だった。

鬼と一緒に退治するものは

ザウルスたちには、一年で一番、恐れている日がある。この日が近づくと「何となく疲れているみたい」「頭が痛い」「ふらふらする」など、泣き言が多くなる。その一言ひとことに一瞬は心配するものの、前後の言動で判断する限り、すべて仮病だ。来るべき「恐れている日」に備え、予防線を張っているのである。

ザウルスたちの「恐るべき日」とは？　節分である。毎年、保育園に赤鬼と青鬼が突然やってきて、子どもたちが豆を投げつけ、そしてどこかへ去っていく。これだけのことなのだが、二人ともこの鬼が大嫌いだ。

とくにこの日を警戒しているのはちびザウルス。普段は元気がいいのにちょっと臆病なたいちくん、何かと怖がりのいずみちゃんと三人で、これまで毎年、鬼の登場とともに号泣。まともに豆はまいていなかった。

二〇一二年は早々とカレンダーの節分の欄に勝手に〇を付け、「この日は保育園

をお休みする！」と、宣言していた。

あにザウルスは、乳児のころは怖がりもせず、豆もまかず淡々としていたようだ。ようやく年中組のころぐらいから、鬼の足元に豆を投げては「きゃー」と言い、逃げてはまた、豆を投げていたらしい。少しは進歩しているようだ。

迎えた本番。ザウルスたちには事前に「自分でだめだと思うことを、鬼と一緒に退治するんだよ」と言い聞かせた。その結果、あにザウルスは「食いしんぼ鬼」ちびザウルスは「泣き虫鬼」を自分から追い払いたいと言い出した。はてさて、結果は？　いまだに、鬼を追い出せないでいる、二人である。

こんなに大変？　入学準備

いよいよ、小学校入学を控えた我がザウルス。通学予定の小学校で入学説明会があった時のことだ。

集まった保護者は防寒着に身を包み、体育館に集合した。担当者が入学までに親と子どもで準備しておくべきことや学校で必要になる備品、登下校の手順、集金の仕方……。あれやこれやと、説明してくれた。

まずは心と体の準備だ。自分のことは自分でできるようにする。規則的な生活に慣れる。食べ物の好き嫌いを無くし、ほかごとをしないで食べる。あいさつをする。これまで、つい親が口や手を出してきたことを反省した。残された日々で、小学校で必要なことは一通りできるように、ザウルスたちを鍛え直さなければいけないだろうと改めて思った。

手続きも大変だった。給食費やＰＴＡ会費などの払い込みに放課後学級の申し込み、学童保育への入所。書類もすべて二人分あるから、その書類だけでも結構な量になった。

文具や持ち物に名前を書くのもすべて二人分。これは私よりも字がきれいなパパの担当として、入学準備の中で、私を一番ゆううつにしたのは、布製の袋だった。体操服入れに上履き入れ、体育館シューズ入れに、給食の時に使うふきんとマスクを入れる袋、防災ずきんがすっぽり入るカバーか袋の五種類が必要になるという。

これを二人分？　すべて手作りの必要はないのだろうが、裁縫が苦手な私は説明を聞いているだけで気分が悪くなってしまった。

入学式を前に課せられた宿題。子ども以上に、親に重くのしかかった。

働きながら子育てするって

ザウルスたちの保育園生活が残りわずかになるのと平行して、新しい世代の「保活」が熱を帯びた。「保活」とは、子どもの預け先、保育園や託児所に子どもを入れる活動のこと。新年度を機に育休から復職する方や、新たに働き始める方が多いからだ。

この時期、待機児童が全国の政令指定都市で最も多かった名古屋市では、保育園を造っても造っても足りない状態。待機児童だけでなく、潜在的な保育需要は相当だろうと推察した。そんな中で、復職の日付が決まっている「待ったなし」の親にとっては、希望する保育園に「入れる、入れない」は日常生活に直結する大問題だ。

我が保育園でも、兄姉が在園している子どもが有利とか、出産を機にいったん退職して新たに仕事に就く人よりも育休から復職した正規社員の方が入りやすい、などの情報が飛び交った。

そんな様子を見ているうちに、ふと、自分の子育ても含めて考え込んでしまった。子どもを保育園や学童の延長保育に預け、その後は夕食を作り、風呂に入れ、寝かしつける。病気になれば実家の父母や義父母に見てもらう。そんな慌ただしい子育てをしながら、働くことってどうなのかと。

共働きでの子育ては夫婦で分かち合うからこそ成立すると思う。ましてや我が家は双子だからリスクは二倍。私は、夫や周囲の協力がなかったら、ここまでやってこられなかったに違いない。

一方、子育てが終わっても私の人生は続く。子どものためにも自分の将来のためにも、この時期をどう迎えるべきなのか。旅立ちの春は、戸惑うことが多い母だった。

アルバムと一緒に渡す贈り物

我がザウルスたちには、出産当時からの写真を張ったアルバムがない。出産祝いでいただいたアルバムはまだ、箱に入ったまま、押し入れの中で眠っている。

写真がないわけではない。むしろ、普通のご家庭よりも写真は多いだろう。保育園のイベントでは我が子だけでなく、お友だちの写真もよく撮っている。プリントもまめにしているが、それらの整理がまるでできていないのだ。

卒園式後の謝恩会で、思い出の写真を何枚かスライドで流すというのでそれまでの写真を探してみた。メディアに入ったままの画像もあったが、一通りそろった。二人のあどけない表情を見つけるたびに作業の手は止まった。

小学校入学のタイミングまでにアルバムを作ろうとは思ってはいたが、自由になるまとまった時間がなかなか見つからず、いまだ着手に至っていない。先延ばしだ。

妊娠三二週で生まれ、ＮＩＣＵ（新生児集中治療室）の保育器に入っていたころからピカピカのランドセルを背負った入学式まで。いったい、何枚になるのか想像もつかないが、この後、小学校での写真もどんどん増えていくから、いずれは親の責任で作ってやらねばならないだろう。

二回の新聞連載と二冊の出版を通じて読者の方々に成長を見守ってもらった我がザウルスたちは果報者だとつくづく思う。

写真と違って新聞連載のスクラップだけはまめにやってきた。将来、二人のアルバムが完成したとき、以前の連載分と合わせて二冊になったスクラップノートを一緒に渡そう。それだけは心に決めている。

エピローグ

新聞連載終了後、ザウルスたちは無事に卒園式を迎えた。その様子をちょっと詳しくお伝えする。

あいにくの雨天だったが、心は晴れ晴れ。正装した年長組の子どもたちはとてもりりしく、大きく、立派に見えたからだ。

園長先生が三〇人の卒園生一人ずつの名前を呼ぶと「はい」と大きな声で返事をし、受け取った卒園証書を聖火のように大きく掲げて、保護者に渡してくれた。卒園式なのに、何となく立志式のような雰囲気でもあった。

保育園は、子どもたちにとっての「初めて」がいっぱい詰まった場所だ。初めておはしでごはんを食べたり、初めてトイレでうんちをしたり。初めての逆上がり、初めての太鼓の演奏も保育園だった。

親にとっては仕事と子育ての両立のための大きな支え。保育園に預けている間は、仕事に没頭できた。外せない仕事があるときは少々、熱っぽくても登園させて本人たちの頑張りにかける。そんなこともあった。

子どもたちは卒園の記念に、保育園の花壇のある場所の壁面に花々と虫たちの絵を描いた。大空に向かって、まっすぐに伸びる花のように、飛び立つ虫のように。その絵は子どもたちが未来へ向けて羽ばたく姿と重なった。

今回の卒園式で、私の子育ての第一章は幕を閉じた。そして、小学校入学とともに第二章へ。ピカピカのランドセルを背負った二人を見ながら、これまでの思い出に感謝しつつ、これからの新しい出会いに胸が膨らんだ。

［本音トーク］

双子ママたちの子育て

双子ママってどんな子育てをしているのだろう？　この本をお読みになるとそんな疑問が湧いてくるかもしれません。ここでは、子どもの世代も、性別も、組み合わせも違う双子ママたちに、双子ならではのエピソードや子育てへのメッセージを思うままに語り合ってもらいました。

［出席者］
◉岩瀬好美さん（1963年生まれ、1992年4月に一卵性の男児を出産、双子の下に1996年4月生まれの三男）
◉川上智美さん（1968年生まれ、2000年8月に二卵性の男女児を出産、双子の上に1996年10月生まれの長男）
◉つるおかのぶえさん（1970年生まれ、2006年7月に一卵性の男児を出産、双子の上に1998年6月生まれの長女、2001年9月生まれの次女）

進行役：川村真貴子（1967年生まれ、2005年6月に二卵性の男児を出産）

――まずは皆さんにこれまで双子を育ててきた中での一番の思い出を語ってもらいましょう。

岩瀬　やはりダブル受験にダブル浪人ですね。我が家の場合、双子が浪人したことで三男の高校受験とも重なり、トリプル受験になりました。双子は喜びも悲しみも二倍と言いますが、この言葉の意味を本当に感じました。

川上　双子サークルを立ち上げて、住んでいる町のネットワークに参加したり近くにある医大で育児座談会をするようになったりしたことでしょうか。双子でなければサークルを立ち上げることはなかったと思います。

つるおか　双子のアトピーがひどく、家にいると「かきむしらないように」とついしかってしまいました。そのため、一番、脳が発達するとされる一歳半から三歳ぐらいまでの間は極力、外出するようにしていました。車で遠出したり家の近所をひたすら歩き回ったり。二人ともこいのぼりが大好きで見つけるとすごく喜びました。その笑顔を見たくて、あちらこちらこいのぼりを探して歩き回りました。「かゆいのはいつか治るよ」と祈りながら手を握りしめたものです。

――私は双子を連れて歩いているだけでも見知らぬ人に「双子ちゃんは大変ねぇ」などと声をかけてもらいました。皆さんが双子育児で一番大変だったことはどんなことでしたか。

つるおか　うちは双子が産まれた当時で八歳と五歳になるお姉ちゃんがいたので、

上の子の行事に双子を連れて走り回らなければいけなかったことです。ある年の長女の運動会の時、双子がぐずりだし、どうにもたまらず帰宅したことがありました。長女は保護者とのお弁当もダンスもなしで、「ごめんね、先に帰るね」と声も掛けることもできず、本当にかわいそうなことをしました。

川上　出かけようとすると必ず何かが起こりましたね。リスクが二倍というのでしょうか。公園に遊びに連れて行っても、二人がてんで違う方向に遊びに行ってしまうためにママ友だちができませんでした。とにかく、外へ出ると子どもを追いかけていて、何も落ち着いてできません。子どもが一人だったら抱き上げてどうにかできたのかもしれませんがこちらは二人です。こうした経験から思い切って双子サークルを立ち上げました。とてもランチには連れて行けないからみんなでレストランを貸し切ったり交互に子どもの世話をしたりしながら語り合いました。少し大きくなってからは、男の子と女の子の双子なので部活動がどうしても別々になり、試合会場を行ったり来たりしなければいけないのが大変でしたね。

岩瀬　二人が同時に入院した時、狭いベッドで二人を両脇に抱え寝たことでしょうか。大きくなってからでは、幼稚園や学校の行事は二人を交互に見に行きました。学校が別になった高校の入学式や卒業式では、どちらに参加するか悩みました。一人ひとりにじっくりかかわってあげられなかったことがつらかったです。あとは大学受験のセンター試験直前ですかね。一番、ぴりぴりした時期で、二度とあんな気持ちは味わいたくありません。「受験は親がするわけではない」と言う方もいますが、私はとてもそんな気持ちにはなれませんでした。確かに代わりに勉強はできませんが、健康管理やいろいろなことに神経質になりました。

川上　「何でも一度ですんでいいわね」という言葉には複雑でしたね。励ましの意味もあったとは思います。確かに一度ですむこともありますが、それぞれへの気遣いなど双子は双子なりの苦労がありました。

——我が家では「夫がいなければとても育児と仕事との両立はできない」と思うほどイクメンぶりを発揮してもらっています。皆さんが周囲のヘルプで一番助かったことは何でしたか？

川上　近所の方が、双子の一人が病気になり小児科に連れて行こうとした時にもう一人を預かってくれたことや、食事作りもできないような時におかずをおすそわけしてくれたことなどが助かりましたね。それ以上に、気にかけてくれている人がいるということだけでずいぶん心強かったです。夫も子どもの面倒をよく見てくれました。長男もいたのでどうしても二手に分かれなければならないこともあり、とても助かりました。休日の夕食すべての片付けが終わった後、一人でお茶を飲みに行かせてもらったのはうれしかったです。子どもの入浴もしてくれて、ゆっくりできました。双方の両親も日頃から気にかけてくれ、助けてくれました。

つるおか　我が家も夫と私の双方の実家の母によるヘルプには本当に助けられました。そこ以外に頼るところもなかったです。双子を産んでから両親への感謝の気持ちが強くなりました。夫は出張がちで戦力としてはあまりあてにはできませんでしたが、毎日、一生懸命、仕事をして生活を支えてくれたことに感謝しています。

岩瀬　双子が一歳までは同じような家庭環境のママ友だちとの出会いで、毎日、交互に子どもを預かりあって夕食の支度やお風呂の準備をしました。相手は一人っ子だったので「きょうだいみたいでうれしい」と言ってくださり、楽しく過ごしました。子どものいないご夫婦の奥様が毎日、仕事が終わると我が家に直行してくれて家事の手伝いをしてくれたこともあります。三歳ぐらいまでは常にだれかが手を差し伸べてくれました。双子には「あなたたちは本当に多くの人に支えられて育ってきたのだよ」と言い聞かせています。一方で、「双子だから大変！」とお母さん自身が思い過ぎるのもどうかというところがあります。子育ては一人であろうと多胎児であろうと、そのお母さん自身が大変と思えば大変ですからね。双子だから子育てを支援してもらって当たり前、という考え方は違うと思います。我が家の場合は転勤族で、おまけに夫は宿直が多く、本人も忙しくて寝る暇もないほどの仕事でほとんど不在。両親の手を借りることも不可能で、他人に助けを求めるしかありませんでした。でもそんな中でも夫は子どもとはかかわりを持ってくれていたので精神的には支えられました。むしろ、子どもが成長してからの方が不満はありました。思春期の子どもたちと夫が、それぞれ私を介して話をしようとするのです。「いい加減にして！」と思いましたね。

――幼いころは子どもの数だけ大人の数が必要というのが私の実感です。さて、双子ならではの育児の工夫をされたことはありますか？

つるおか　料理に関してはフードプロセッサーを使って、「切る」という作業はすべてやってもらいました。一日の流れをシミュレーションして、とにかく子どもに三食食べさせることを最優先。買い物はネットスーパーも使いました。車の乗せ降ろしが大変なので移動はベビーカー。衣類は双子サークルのリサイクル会が、役に立ちました。

岩瀬　食事は極力、子どもたちだけで食べてもらいたいけれど部屋を汚されるのもいや。そこでランチは公園にお弁当を持参して食べさせました。食べこぼしは鳥が食べに来てくれるし、子どもたちは遊びながら食べられるので一石二鳥でしたね。

川上　離乳食はどんぶりものを多くしました。右と左に向かい合わせに座らせて、交互に食べさせました。乳児の頃は授乳時間が極力、同じような時間になるように調整しました。少し泣かせておいたり、一人だけ少し早めに起こしたりして。

――今、双子育児のただなかにある方は「いつごろ楽になるのか」という見通しがつかないかもしれません。皆さんが少し楽になったと思えるようになったのはいつごろでしたか？　我が家は今でも楽とは思えませんが「痛い、かゆい、寒い、暑い」が言えるようになったころに成長を感じました。

川上　三歳になったころと小学生になったころでしょうか。三歳になると自分のことは自分でできるようになり、聞き分けがよくなりました。小学生になると、言葉をかけるだけで制止できるようになったし、子どもだけで行動できるようになったのが楽でした。あとは自分のやりたいことやりたくないことなど、意思表明ができるようになると、育児に少し見通しがつくのではないでしょうか。

つるおか　私も二人に「話が通じるな」という実感がもてるようになったころから楽になりましたね。二歳すぎぐらい。その次は幼稚園に入ったこと。時間に余裕が持てるようになり、ようやく自分が三食、食べられるようになりました。

岩瀬　産まれてから三歳ぐらいまでは体力的にしんどかったですが、三歳を過ぎると少し楽になりました。でも、幼稚園、小学校、そして思春期、大学受験と常に悩みはつきものです。しかし、これは双子というより子どもを持った親ならば同じではないでしょうか。

――双子育児でとくに気を遣ったことはありますか？

つるおか　泣き声はかなり近所迷惑だったと思います。でも自分ではどうしようもなかったので日頃から近所の方にはおすそわけをしたり顔をあわすたびに頭を下げたりしていました。引っ越しをしたときはマンションのすべての部屋を回り、事前に謝りました。

岩瀬　野生児のような男の子の双子だったので、いつも周りに謝りまくっていました。「きょうは違う公園に行こうか」と、遊びに行く公園を変えたこともありました。

川上　双子とはいえ、一人ひとりを一人の子どもとして扱うように気をつけたつもりです。我が家の場合は男女の双子で、体格差もあるので、見た目からも双子というよりは年齢の近いきょうだいという感じです。二人が双子という意識や感覚は親も子どもも年々、薄くなってきています。ただ、今まではそれほど男女の違いを意識して育ててきたつもりはありませんが、思春期になると、二人の違いがはっきりと出てくるのかもしれません。

――最近の自治体では「子育て支援」が声高に言われています。その内容には押しつけがましいものや自己満足的なものもあるような気がしますが、双子育児を含め、自治体の子育て支援サービスへの意見や提言はありますか。

岩瀬　双子に限らず、同じ境遇を体験したことがある先輩ママらが支援する「ピアサポート」は必要だと思います。たとえば自治体が双子サークルと連携して孤立しているママたちを支援していくことが重要。個人情報の問題もあり、個人や一つのサークルだけでママたちを支援しようとするには限界があります。

つるおか　双子が乳児検診の時に、周りには助けてくれる人はおらず、必ずもう一人、付き添ってもらうようにしました。手を貸してくれる人が会場にいると助かると思います。

川上　私も乳児の時の検診で、「雨が降ったら駐車場からどうしよう」といつも不安でした。実際、雨が降った時があって、その時は保健センターに慣れていたこともあり、事前に電話で相談してから行き、玄関に車を横付けさせてもらいました。行政というのは、声をあげれば助けてくれるけれど、声をあげないと助けてはもらえないのかなと感じました。私は上の子がいたからまだ声をあげることができましたが、最初の子育てが双子だったら声をあげていいのかもわからなかったと思います。行政は声をあげれば助けてもらえる、声をあげていいんだ、ということを広く知らせることが必要です。

――最後に双子ママになってよかったことを教えてください。

つるおか　双子ならではの特別な世界をとても楽しませてもらっています。二人をいっぺんに育てるためにはそれなりの工夫が必要になりますからね。でも、二人が仲良しってことが一番。これからいろいろな喜びや苦しみを二人で共有していくのだろうと思うと、二人でいるということが頼もしく感じられます。

川上　双子の上にお兄ちゃんがいるのですが、この子の時は「しっかり育てなきゃ」という意識がとても強くありました。でも、双子が生まれてから「双子だから適当でも仕方がない」という免罪符を手に入れたような気がしました。そのおかげで、育児に対して逆に楽な気持ちで臨めるようになりました。それはその後、上の子に対してもそうだと思うので、家族全体にとってもよかったと思います。

岩瀬　いま、本当に言えるのは「双子の母になれたことに感謝しています」。だれもが授かるわけではなく選ばれたのです。育児は、はっきり言って、大変でした。でも多くの人が「大変ね」と声をかけてくれました。子どもを通じて多くのママ友だちにも出会えました。良くも悪くも「双子の母」ということですぐに覚えてもらえました。まさに喜び二倍、うれしさ二倍。何よりも双子が仲良しで「双子で生まれてよかった」と言ってくれることがうれしいです。私からも、「本当に、本当に私のところに生まれてきてくれてありがとう」と言いたい気持ちです。

あとがき

「ザウルスくんたち、大きくなりましたね」

取材先で幾度となくかけていただいた言葉だ。新聞連載の題字に私の顔写真が入っていることと、名刺にある名前から私が筆者だとわかるようだ。読者の皆さんに我が子の成長を見守ってもらっているようで、とてもうれしかった。

前回の出版から二年が経った。その間、「朝日新聞」の読者向け無料会員制ウェブサイト「アスパラクラブ」と朝日新聞東海地域総合面で連載を続けてきた。我が夫婦のどたばた双子育児は相変わらずで、そのたびにそのエピソードを紹介してきたが、これまでの記事を読み返してみると、五歳から七歳となる我がザウルスたちとの日々はまさに成長著しい時期で、親ばかかもしれないが、本当にいとおしい限りだった。この間にめぐりあった人や出来事は、ザウルスたちだけでなく、親にとっても大きな財産になった。

　こんな素晴らしい経験は少しでも多くの方と共有したい。そしてザウルスたちのために形に残るものにしたい。そんな気持ちを前回もお世話になった風媒社会長の稲垣喜代志さん、編集長の劉永昇さんにご相談したところ、続編の出版を快諾いただいた。引き続き担当してくださった編集部の林桂吾さんには、心から感謝である。また、今回は新しい試みとして、双子ママ座談会を掲載した。イラストでお世話になったつるおかのぶえさん、高校時代からの友人で双子サークルで二十年ぶりに再会した川上智美さん、双子の先輩ママで今は一緒にお酒を酌み交わす仲となった岩瀬好美さんに、本当にお忙しいところ、参加いただいた。リアルなエピソードには、双子のみならず、子育てに役立つヒントがいっぱい詰まっていると思う。

　孫たちの成長を何よりの楽しみにしてくれている私と夫の両親、イクメンとして日々、仕事とザウルスたちの世話に奔走している夫、佐藤芳雄には、いつもながらではあるが、心から「ありがとう」の言葉を捧げる。

そして、ようやく最近、世間では自分たちが「双子ザウルス」と呼ばれていることに気づき始めたあにザウルスの寛太、ちびザウルスの俊太には、改めて心からざんげするとともに、私のところに生まれてきてくれたことに感謝したい。

二〇一二年夏

川村真貴子

［著者紹介］
川村真貴子（かわむら・まきこ）
1967年、名古屋市生まれ。米国への交換留学を経て、1987年、金城学院高校卒。1991年、青山学院大学経済学科卒、朝日新聞社入社。仙台総局、名古屋本社社会部、大垣支局、岐阜総局を経て、2004年9月から名古屋報道センター記者。05年6月に双子の男児を出産。07年4月に育児休業から復職。これまでに名古屋市政、高校野球（宮城・愛知）、街ダネなどを取材する遊軍などを担当。著書に『双子ザウルス奮闘記』（風媒社、2010年）がある。

装幀／三矢千穂
カバー・本文イラスト／つるおかのぶえ

いつも二人で楽しいな！――双子ザウルス奮闘記Ⅱ

2012年8月28日　第1刷発行　（定価はカバーに表示してあります）

著　者　川村　真貴子
発行者　山口　章

発行所　名古屋市中区上前津2-9-14　久野ビル
振替 00880-5-5616 電話 052-331-0008
http://www.fubaisha.com/
風媒社

乱丁・落丁本はお取り替えいたします。
＊印刷・製本／モリモト印刷
ISBN978-4-8331-3162-9

川村真貴子

双子ザウルス奮闘記

双子を抱えて、仕事と育児に奮闘するママ新聞記者の、怒涛の子育てエッセイ。「最高に共感できる一冊です。ザウルス達よ　ありがとう！」（山下久美子、ミュージシャン・双子の母）

一二〇〇円＋税

神野三枝

母への礼状

人生は生き方次第

東海ラジオの人気パーソナリティが自らの生い立ちを率直に綴る。岡崎の老舗の呉服屋生まれ。父は放蕩、母は暖簾を守る日々。祖母の自殺、家業の倒産、母と子の一間アパート暮らし……。感動の手記！

一四〇〇円＋税